放送大学叢書047

日本社会の変動と教育政策　新学力・子どもの貧困・働き方改革

日本社会の変動と教育政策　新学力・子どもの貧困・働き方改革　目次

大きな社会変動が生じたとき、学校も同時に大きく変わる。日本社会は、これまでも、社会変動に起因したラジカル（抜本的）な教育改革を、明治維新期、そして、敗戦後の戦後改革期として経験している。

「第一の教育改革」

日本の近代史上で「第一の教育改革」とされる明治維新期の教育改革は、西洋諸国が主導した「地球一体化」というグローバル化の圧力（三谷 二〇一七）の下で行われた。日本が世界史上遅れて近代化に向けテイクオフ（離陸）をすることになったために、国家主導による人材育成と国民統合の基盤として学校制度の急速な整備が図られた。まず、「追いつき型」近代化を効率的に進めるために、欧米の進んだ新知識、新技術の移入とその国内への定着、発展が図られた。その目的のために、国家が必要とする人材を供給できるよう、学問領域の頂点に立つ帝国大学（帝国大学令公布一八八六年）をいち早く創設するなど、帝国大学と近代国家の統治機構を結びつけるシステムをつくることに努めた（R・P・ドーア／松居訳　一九八七）。また、同時に、近代国家の基盤となる言語と歴史、道徳を共有する国民の形成を担う国民教育機関として、義務教育の小学校（尋常小学校）を国家主導で短期間に整備していった（木村 二〇一五）。

「第二の教育改革」

そして、「第二の教育改革」といわれているのが、一九四五年以降の戦後教育改革期である。これは、敗戦からの復興と重化学工業化を起動力とした近代化の第二ステージというべき社会・産業の再構築の下で取り組まれた教育改革であった。戦前から続く「追いつき型」近代化という戦略の下で、この時期も、国家主導の学校制度の整備拡充が進められた。しかし、戦前と異なることは、戦前の学校制度の批判・反省や戦後改革の民主化政策を背景に、国民に平等に開かれた単線型六－三－三制の学校制度が創設されたことである。当時、海外を見回しても前期中等教育（中学校）の義務化を実現していたのはアメリカくらいであったことを考えると、戦後教育改革で誕生した新制中学校の義務化は、世界でも先駆的な試みであった。そして、戦前の複線的に存在していたさまざまな中等教育の学校を、「統一的」な後期中等教育段階の新制高校として再編し、完成市民教育としてすべての国民に開かれた中等教育機関として発足させたことも画期的であり、国民の教育水準を向上させ上級学校への進学要求も促す機能を果たした。

戦後日本の社会・産業の発展は、戦後改革期に創設された民主的で単線型の学校制度の整備拡充と一体的であった（第一部第二章で詳説）。

「第三の教育改革」？

その後、日本の社会・産業の変化に呼応して「第三の教育改革」を標榜する政府の取り組みが幾度か試みられた。たとえば、一九七一（昭和四六）年の中央教育審議会（以下、中教審）答申「今後における学校教育の総合的な拡充整備のための基本的施策について」や、一九八〇年代の中曽根政権の臨時教育審議会（以下、臨教審）の取り組みなどである。

一九七一年中教審答申は、戦後の高度経済成長のなかで、教育の量的拡大をいかに質的な向上に転換していくかという制度改革構想を描くものであった。また臨教審は、製造業における技術革新や若年労働力の減少によって就業構造が急速に変化していくなか、それまでのように企業内教育で人材育成を行うことが難しくなり、個人が責任を持って自己啓発していくという方向への転換、すなわち生涯学習体系への移行を提唱した。ただ、一九七一年中教審答申や一九八〇年代の臨教審の教育改革の提唱は、基本的には日本の産業・就業構造が製造業を基盤とし、その後も持続的成長を遂げていくということを前提に検討されたものであった。

加えて、一九七〇年代以降のさまざまな教育や学校の改革は、明治維新期や戦後改革期の教育改革に見られたような規模やラジカル（抜本）的性質と比較すると「改革」というより部分的「見直し」というほうが適切であった。事実、海外の日本研究者からは、戦後日本の教育政策と学校制度は、長い間「現状維持」（immobilism）で変化に乏しいと見られてきた（レオナード・ショッパ／小川監訳　二〇〇五）。

しかし、一九九〇年代から動き出した〝教育の構造改革〟といわれ、今日まで続いている学校改革は、様相を少し異にしている。

〝教育の構造改革〟の始動

一九八〇年代以降、新興国の急速な工業化と世界における製造業の競争力地図が大きく変化するなかで、国内外では新たな成長産業として金融や流通、ＩＴなどの高度知識情報産業が飛躍的に発展していく。そうした世界的な経済・産業構造の変化とグローバル化が進んだ時代に、一九八〇年代の日本はバブル景気もあってそれらの変化に対応することが遅れてしまった。一九九〇年代以降の日本の失われた二〇年、三〇年は、まさにそうした世界の構造転換に日本が立ち後れた時代であった（野口二〇一四）。

アメリカの政治学者キース・ニッタ（Keith A.Nitta）は、一九八〇年代に教育をめぐる環境で三つの大きな変化が生じた結果、〝教育の構造改革〟といわれる新しい教育改革の気運が世界的に高まったと指摘している（Keith A.Nitta 2008）。

三つの大きな変化とは、①学校教育の失敗は国家の経済競争力を脅かすという信念が広範囲に共有されてきたこと、②New Public Management、すなわち、成功した民間部門の経営手法を公共行政部門に導入し、行政の経済性を図っていく考え方が社会的に広範囲に受容されたこと、③教職員組合を始めとする教育利益集団が弱体化したことで、旧来の教育制度を擁護してきた既得権益グループとその批判グループとのパワーバランス（勢力均衡）が崩れ、教育政治がより混沌とし流動的な政治状況が生まれたこと、である。

この指摘にもあるように、〝教育の構造改革〟といわれる先進主要諸国における一九八〇年代以降の教育改革は、激化する国際的経済競争と行財政改革を起動力として進められてきた。

日本において、〝教育の構造改革〟に最初に取り組もうとしたのが一九八二年に誕生した中曽根内閣であり、内閣直属の臨教審であったことは事実である。しかし、日本経済のグローバリゼーションの遅れや一九八〇年代は日本一人勝ちといわれた経済の好調もあり、一九八〇年代の日本では〝教育の構造改革〟は本格的に展開しなかった。その後、一九九〇年代以降、バブル崩壊による日本経済の低迷の下、日本の社会・経済も本格的にグローバル化に組み込まれ、二〇〇〇年以降、政治主導による〝教育の構造改革〟が日本でも本格的に進むことになった（小川二〇一〇）。

一九九〇年代に始動し今日まで続いている教育改革が、〝教育の構造改革〟といわれるのには理由がある。それは、学力観の転換や教育内容の見直しとともに、教育活動とその成果を誰がどのように適切に管理していくのかという教育の統治（ガバナンス）のあり方を見直すために、教育システム、教育行政の運用手法も同時に大きく改革しようとしているからである。今次の教育改革では端的にいえば、第一に、学力を従来の知識蓄積型学力ではなくアウトカム型学力、すなわち、何を知っているかではなく、具体的に何ができるかという学力観への転換、第二に、学力観の転換に適合した教育成果、すなわち、達成された学力を評価する出口管理型の教育システムと教育行政の運用手法への改革（目標管理と学校・教員の裁量拡大、等）、第三に、学力観の転換に適合的な学校制度や入試・選抜制度の見直しなどの学制改革、が一体的な改革として取り組まれてきていることである。

二〇二〇年度から始動する新教育課程が、「大学入学共通テスト」の導入という入試改革と、高校教育の最低限の質保証を目指す「高校生のための学びの基礎診断」の実施も含めた高大接続の改革として取り組まれるなど、初等、中等、高等教育の各学校段階の一体的な改革という性格を帯びているのも〝教育の構造改革〟といわれる所以である。そうした大規模な取り組みとなっている理由は、社会のさまざまな面でのグローバル化や少子高齢社会、そして、人工知能等の飛躍的発展による社会、産業・就業構造等の急激な変化が、学校教育に日本社会の大変動に対応し新たな課題を切り開く次世代の資質・能力の育成を要請しているという背景があるからである。

今次の教育改革が、「第三の教育改革」と呼ばれるかどうかは後世の歴史的判断に委ねるしかない。ただ、一九九〇年代以降の経済・産業構造の変化を背景にした日本社会の大変動は、一九七〇年代以降の学校制度の部分的見直しとは異なり、学校制度の「深部」に迫る改革を起動させてきたことは間違いない。

浮上する新たな課題――子どもの貧困・教育費と教員の働き方改革

今次の教育改革が学校制度の「深部」に迫る性質を有している以上、改革の要でもある新学力の育成とともに、学校制度の財政的基盤である教育費の負担構造や新学力育成の実践を担う教員の仕事の有様についても踏み込んだ見直しが避けられない。

日本は、国内総生産（GDP）に占める公的教育費（国と自治体の合計）支出の割合が世界で最も低い国の一つである。それにもかかわらず、日本の児童生徒が国際的学力調査でこれまで上位にあったことは、日本の学校制度が極めて「効率」的に運営されてきた証拠であるともいわれてきた（B・C・デューク／國弘・平野訳 一九八六）。

しかし、そうした日本の学校制度の高い「効率性」を側面から支えてきたのが、学校・企業・家庭の三位一体型の日本型生活保障システム（宮本 二〇〇九）と子どもを包括的（全人的）に世話する日本型教育という仕組みであった。

前者は、戦後の右肩上がりの経済成長と慢性的若年労働力不足を背景に、学校から企業（職業）へのスムーズな移行（安定雇用）、また長期雇用等の日本的経営が、男性稼ぎ主の給与に妻子の扶養経費を含む年功賃金を保証することで、家庭内で保育、福祉とともに教育の経費を賄うことができたというシステムである（宮本 二〇〇九）。また、後者は、授業（教科学習指導）だけでなく、子どもの生活全般にわたって責任を引き受け、長時間勤務も惜しまない献身的な教員の働き方に支えられてきたものである。

しかし、一九九〇年代以降、学力観の大きな転換を迫った日本社会の大変動は、同時に、そうした戦後の成功モデルであった日本型生活保障システムを崩壊させ、今日、新たな問題として家庭の所得格差等を背景に、教育格差や子どもの貧困問題を顕在化させている。また、そうした格差や問題が、学校における教育活動を多様化、複雑化、困難（深刻）化させ、教員の仕事に過重な負荷を強いる事態となっている。その意味では、今次の教育改革の中心的な狙いである新学力育成の取り組みは、子どもの貧困問題と教員の働き方改革を包摂して一体的に進めていく必要がある。

本書の目的と構成

本書の目的は、一九九〇年代の「助走」を経て、今世紀初めから本格的に動きたした政府の〝教育の構造改革〟と呼ばれる教育政策を、新学力、子どもの貧困・教育費、学校の働き方改革という三つのテーマを切り口にして検討することにある。

新学力をめぐる議論や新学力を育成する授業づくりなどに関係しては、すでに多くの研究者や教育実践者、教員によってさまざまな論文や本が著されている。本書の一部では、新学力が提唱されてきた背景を社会・産業などの広い文脈と戦後日本の歩みのなかで吟味して、新学力の育成を軸にした今次の教育改革の歴史的位相を明らかにすることに努めている。

同時に、新学力の育成を要請してきた現代日本の社会・産業の変動は、その陰の部分として、産業・就業構造のスクラップ・アンド・ビルド（再編成）を加速し、産業分野間の所得格差や労働・雇用の流動化を進めて一定数の失業・非正規雇用を常態化させてきたことも事実である。そうした矛盾が若年層や子育て世代に集中し顕在化した問題の一つが、少子化であり子どもの貧困問題であった。少子化にもかかわらず、というより、逆に、子どもの数が減った分、子ども一人に投入する教育費が高額化するなかで、子どもの貧困問題も孕んで教育（費）格差が拡がっている。本書の第二部では、今日、子ども一人当たりに要する養育・教育費額とその支出格差をデータで示しながら、それらの問題に対応する政府の教育支援制度を概観し、今後の教育費政策の課題を考えている。

そして、最後の第三部では、学校と教員の働き方改革を考える。

新学力の育成という新しい取り組みと子どもの貧困問題に象徴される学校の教育活動の多様化、複雑化、困難（深刻）化は、旧来の学校のあり方と教員の働き方を一変させている。

日本の学校、特に、義務教育は、高い学力の育成とともに社会規範もしっかり身に付けさせる点で成功をしてきたと海外からも高く評価されてきた。日本の学校では、教科の学習だけではなく、子どもの登下校や休み時間の見守り、そして、放課後の部活に至るため、子どもの生活全般にわたって包括的（全人的）に責任を負い、教員は広範囲にわたって多様な業務を担ってきた。しかし、そうした学校のあり方と教員の働き方が、他方で、教員に世界で一番長い長時間勤務を強い健康被害を深刻化させてきた。今では、学校は、ブラック職場といわれるまでになっている。

ただ、漸く、政府も重い腰を上げ働き方改革に取り組んできた結果、二〇一九年四月から、時間外勤務に上限を設定し、勤務時間を客観的で適切な方法で管理することを義務付けた「働き方改革推進法」が施行されている。新しい労働法制の下で、これまでの学校のあり方と教員の働き方に対して是正、改善の取り組みがどのように進められようとしているのかを確認する。そのうえで、政府の議論で残された問題と今後の取り組みに関していくつかの課題を検討している。

新学力と子どもの貧困・教育費、そして、学校・教員の働き方改革は、それぞれに無関係でばらばらの個別テーマではなく、実は、密接に関係し合っている。新学力、教育費・子どもの貧困、働き方改革という三つの点（テーマ）を押さえて理解することで、現代日本の学校制度を総体として構造的に捉えることができると考えている。本書が、読者にとって現代日本の教育を考える一助になれば幸甚である。

最後に、本書の刊行には、左右社の方々、特に、編集者の守屋佳奈子さんに大変にお世話になった。私の放送大学テキスト『現代の教育改革と教育行政』(二〇一〇)をもとに、放送大学叢書として、最新の教育政策の動向を踏まえて大幅に再構成して出版してくださった放送大学と左右社には心より感謝しお礼申し上げる次第である。

二〇一九年八月

小川　正人

第一部

新学力と教育改革

◉第一章

二一世紀の新学力

二〇二〇年度から新教育課程が始まる。小学校では、五・六年生で教科・英語（週二時間）、三・四年で外国語活動（週一時間）が導入される。また、高校では、二〇二二年度から、歴史総合（日本史・世界史の融合科目）、公共、理数探求、理数探求基礎といった新しい科目に加えて、総合的学習を「探求」に名称変更することや高校生に求められる基礎学力の確実な習得と生徒の学習意欲の喚起を目的に、「高校生のための学びの基礎診断」（対象は希望者）が実施される。

さらに、これまでの大学入試センター試験が廃止され、「大学入学共通テスト」が二〇二〇年度から新たにスタートする。大学入試制度の見直しは、現在の入試センター試験が始まった一九九〇年以来の三〇年ぶりとなる。

「大学入学共通テスト」では、大学教育に必要な基礎的知識・技能を確認するとともに、思考力・判断力・表現力を重視した選抜を行うために、当面、国語、数学I、数学Ⅰ・数学Aの科目でマークシート式問題に加えて、あらたに記述式問題を出題する。[1] そして、二〇二四年度以降は、地歴・公民分野や理科分野等でも記述式問題を導入する方向で検討を進めることになっている。また、英語については、英語の四技能（読む、書く、聞く、話す）を総合的に評価することを目的に、国（大学入試センター）が認定した民間の資格・検定試験の結果を活用することになった（高校三年生の四月〜一二月の間に二回までの試験結果を各大学に送付）。

二〇二〇年度は小学校、二〇二一年度は中学校、二〇二二年度は高校と、順次実施される新教育課程は、大学入試改革も一体となって近年にない小中高校・大学の全体的な学校教育の見直しになっている。

これまで日本の学校教育に対しては、海外からも「小中学校は〝一流〟、高校は〝二流〟、大学は〝三流〟」と評価される向きがあった。小中学校における基礎学力の高さや新学力育成の先行的取り組みと成果にもかかわらず、それが高校以降の教育に継承され発展させられていないとする指摘である。

その原因については、大学入試が細かな知識を問う試験問題を課す傾向が強く、また、高校における幅広い多様な学習活動や社会活動を評価しない仕組みであったことがあげられる。高校教育が、そうした大学入試の影響を受けて思考力等の考える力やさまざまな課題に取り組む社会力、学ぶ意欲を十分に育成できてこなかったのではないか、という指摘もなされてきた。

その意味では、二〇二〇年度から動き出す新教育課程の実施と、それに連動する大学入試改革は、小中学校と高校、大学が初めて育成すべき資質・能力や人間像を共有して、小学校から大学までの教育の接続・連携を目指す画期的な取り組みであると評価できる。

大学入試改革と一体となって始動する新教育課程が育成しようとしている新学力とは何か、を明らかにするために、第一部では、新教育課程の社会経済的背景を明らかにしながら新学力育成の課題を考えていく。

1　小中高生の新学力＝「学力の三要素」

日本では、これまで長い間、学力の「低下」論争を孕みながら基礎・基本の知識・技能を重視するのか、あるいは、思考力等の考える力の育成を重視するのかといった、二項対立的な論議が続けられてきた。

しかし、近年になり、ようやくそうした二項対立的な論議を乗り越えて、学校で育成すべき学力の内容について共通理解が得られるようになった。その端的な例の一つが、二〇〇八年の法改正で学校教育法第三〇条（小学校：教育の目標）に新たに規定されたいわゆる「学力の三要素」である。

学校教育法第三〇条二項

生涯にわたり学習する基盤が培われるよう、基礎的な知識および技能を習得させるとともに、これらを活用して課題を解決するために必要な思考力、判断力、表現力その他の能力をはぐくみ、主体的に学習に取り組む態度を養うことに、特に意を用いなければならない。

この条文で規定されている①基礎的な知識および技能、②思考力、判断力、表現力、③主体的に学習に取り組む態度を「学力の三要素」と呼んでいる。

二〇二〇年度からの新教育課程を方向づけた中教審の答申「幼稚園、小学校、中学校、高等学校及び特別支援学校の学習指導要領等の改善及び必要な方策等について」（二〇一六年一二月二一日）は、こうした学力の三要素を踏まえながら、これからの新時代に生きていく子どもたちに育成すべき資質・能力を次のように示している。

①何を理解しているか、何ができるか
基礎基本の知識・技能の定着を図りつつ、それを社会のさまざまな場面で活用できる知識・技能として体系化しながら身に付けていくこと
②理解していること・できることをどう使うか
問題の発見や解決の力、さらに、情報を他者と共有しつつ、対話や論議を通じて互いの考え方を理解しながら協力して問題を解決できる協働的問題解決の力
③どのように社会・世界と関わり、よりよい人生を送るか
上記の①、②の資質・能力をどのような方向性で働かせていくかを決定づける力で、自己の感情や行動を統制する能力や自分の思考過程を客観的に捉えることのできるメタ認知の力、リーダーシップやチームワーク、共感などの人間性・人間力

同答申は、右記のような資質・能力を育成するために、学習のあり方も、従来の受け身的なものから、子どもたちが学習過程に体系的に関わっていく「主体的・対話的で深い学び」への転換も提唱している。

2　大学生の新学力＝「学士力」

また、学力の三要素で強調される新しい学力の育成の課題は、小中高校だけでなく大学教育においても同様である。

大学教育の内容やあり方に言及したことで注目を集めた中教審答申「新たな未来を築くための大学教育の質的転換に向けて――生涯学び続け、主体的に考える力を育成する大学へ――」（二〇一二年八月）は、これからの日本と世界は、予測困難な時代であり、答えのない問題に対して自ら解を見出していく主体的な学修が必要であることを力説している。そして、そうした新しい時代に必要な新たな資質・能力を開発するため、大学は学生に能動的な学修に取り組むよう従来の大学教育のあり方を抜本的に見直すべきことを提唱する。

同答申は、従来の知識を頭に詰め込み、その知識を再生するだけの偏った学修・学力、あるいは、自立した主体的思考力を伴わない協調性を大切にしてきたこれまでの日本の教育や社会には課題が多いと批判する。そのうえでこれから必要な新たな能力開発を考えたとき、卒業までに大学生に最低限身に付けさせるべき能力を「学士力」と命名し、その内容を次のように整理している。

①知識理解
専門分野の基礎知識の体系的理解、他・異分野の知識・理解、文化・社会・自然への知識・理解

②総合的な学習経験と創造的指向
知識・技能・態度等を総合的に活用し課題を解決。知識を身に付け理解するだけではなく、それらを活用し実際の問題に取り組み課題を追求・探究し解決していく能動的な学修・勉強を進めていく力

③汎用的技能
コミュニケーションスキル、数量的スキル、情報リテラシー、論理的思考と問題解

決。能動的な学修・勉強とその結果を他の人々、社会に分かり易く発信し議論していける力＝勉強の技術・技能と勉強方法をしっかり身に付ける必要

④態度・志向性

自己管理力、チームワーク、リーダーシップ、倫理観、社会的責任、生涯学習力。予測困難な時代、難しい課題に粘り強く取り組む力、考え方や価値観の違う他者と協力して課題に取り組む協調性とリーダーシップ、自分を律しながら市民として社会的役割を果たす責任・倫理観など

そして、学修の方法においても、従来のような知識の伝達・注入を中心とした授業ではなく、教員と学生が意思疎通を図りながら、一緒になって切磋琢磨し、相互に刺激を与えながら知的に成長する場を創り、学生が主体的に問題を発見し、解を見いだしていく能動的学修（アクティブ・ラーニング）に転換していくことが必要であると述べている。また、そうした能動的学修のために、①授業の事前準備（資料の下調べや読書、思考、学生同士のディスカッション等）、②授業の受講（教員と学生の双方向のやり取り、学生同士の対話等）、③事後の展開（授業理解の深化のための探究等）の工夫、職場体験・留学体験等の教室外学修

プログラム等の充実、など、大学教育の全体的な見直しと学修環境の整備、総学修時間の確保等も要請している。

小中高校段階における「学力の三要素」と大学教育で提唱されている「学士力」は、ほぼ共通する内容である。そのことからもわかるように、小中学校と高校、大学が、ようやく、育成すべき資質・能力や人間像を共有し、小中高校から大学への教育が、旧来の断絶・選抜型から連携・接続型に移行してきている。

3 OECDのPISA学力調査

新教育課程で目指されている資質・能力は、いわゆる新学力とか二一世紀型学力と呼ばれているが、こうした新学力＝二一世紀型学力の育成は、日本だけでなく多くの先進諸国でも試みられている。

先進諸国三六カ国（二〇一八年現在）が加盟しているＯＥＣＤ（経済協力開発機構）は、一九九〇年代から高度知識情報社会とかポスト近代社会といわれるようになった変化の激しい現代社会において、どのような資質・能力が必要とされているのかに関する調査研究を進めてきており、その一環として二〇〇〇年から国際的学力調査を三年ごとに実施している。

その学力調査がＰＩＳＡ（Program for International Student Assessment）学力調査（「生徒の学習到達度に関する国際調査」）と呼ばれるものである。ＰＩＳＡ学力調査は、子どもの学習到達度に関する政策立案に役立つ指標を開発することを目的に実施されている。義務教育修了段階に相当する一五歳児を対象に、生徒が持っている知識・技能を実生活のさまざまな場面で直面する課題にどの程度活用できるかを評価する大規模な国際学力比較調査である。第一回調査が二〇〇〇年に始まり、現在まで第七回の調査（二〇一八年）が実施されている。参加国は、二〇〇〇年調査では三二カ国であったが、回を重ねるごとに増え、二〇〇九年調査では七〇カ国、二〇一五年では七二カ国（ＯＥＣＤ加盟国三五カ国、非加盟国三七カ国）が参加するようになっている。日本では、高校の全日制、定時制、中等教育学校後期課程、高等専門学校の一年生を対象に、全国で約一九〇校、約六〇〇〇人が調査（抽出）の対象になっている。

図1〜3（三三〜三四ページ）は、ＰＩＳＡ学力調査で出題された問題の一例である。この問題「温室効果」は、二〇〇〇年、二〇〇三年、二〇〇六年と出題されたもので、

その意味では、典型的なPISA型学力を問う問題の一例であるとみてよい。専門研究者からは、問われている科学的知識に関する深い理解や活用力ではなく、グラフ等の読み取りの力を見ているだけではないのかといった批判もあった。しかし、従来のような「学習した知識をどれだけ憶えているか」を問うような問題でないことは確かである。

問一や問二に対してはほとんどの読者は回答できると思うが、問三はどうであろうか。日本の生徒の正答率は、問一が六九・三%(参加国中三位)、問二が五四・三%(同一位)であったが、問三が一七・六%(同二九位)であった。ただ、問三のOECD全体の平均正答率も一八・九%と低く日本の生徒だけが特別低かったわけではないが、問三のような文章からキーとなる情報、概念等を読み取り、これまでの学習で学んだことを活用して自分の考えを自分の言葉で表現する力が一般的に弱いとされてきた。[2]

この出題の例で、PISA型学力などに象徴される新学力で問われている学力の一端をイメージできたのではないかと思う。

PISA学力調査で把握しようとしている学力とは、現実の社会、生活等の諸問題に関する多くの情報、資料等から、大切なデータを読み取りその意味を考えながら、問題を的確に把握したうえで、課題を適切に設定し解決に向けて取り組むという一連の作業の基盤となる能力である。そのため、そうした学力の有無を問うため、選抜の試験方法としては、多くの情報、資料等から大切なデータを読み取り、そのデータを活用して自分の考えをまとめるという記述式が採られるのが一般的である。

二〇〇〇年以降、PISA学力調査が回を重ねるごとに、文部科学省が二〇〇七年度から毎年実施するようになった全国学力・学習状況調査（小六、中三が対象）でも、PISA学力調査に類した記述式問題が多く出題されるようになった。そうした取り組みの延長上に、二〇二〇年度から導入される「大学入学共通テスト」の記述式問題の出題がある。

学力試験や大学入試の出題傾向までを変えた学力観の転換を促したものは何か。次の章では、その社会経済的背景をみてみる。

温室効果

次の課題文を読んで、以下の問に答えてください。

温室効果 ー 事実かフィクションか

生物は、生きるためにエネルギーを必要としている。地球上で生命を維持するためのエネルギーは、太陽から得ている。太陽が宇宙空間にエネルギーを放射するのは、太陽が非常に高温だからである。このエネルギーのごく一部が地球に達している。

空気のない世界では温度変化が大きいが、地球の大気は地表をおおう防護カバーの働きをして、こうした温度変化を防いでいる。

太陽から地球へくる放射エネルギーのほとんどが地球の大気を通過する。地球はこのエネルギーの一部を吸収し、一部を地表から放射している。この放射エネルギーの一部は大気に吸収される。

その結果、地上の平均気温は、大気がない場合より高くなる。地球の大気は温室と同じ効果がある。「温室効果」というのはそのためである。

温室効果は20世紀を通じていっそう強まったと言われている。

地球の平均気温は確かに上昇している。新聞や雑誌には、二酸化炭素排出量の増加が20世紀における温暖化の主因であるとする記事がよく載っている。

図1　PISA学力調査問題例

太郎さんが、地球の平均気温と二酸化炭素排出量との間にどのような関係があるのか興味をもち、図書館で次のような二つのグラフを見つけました。

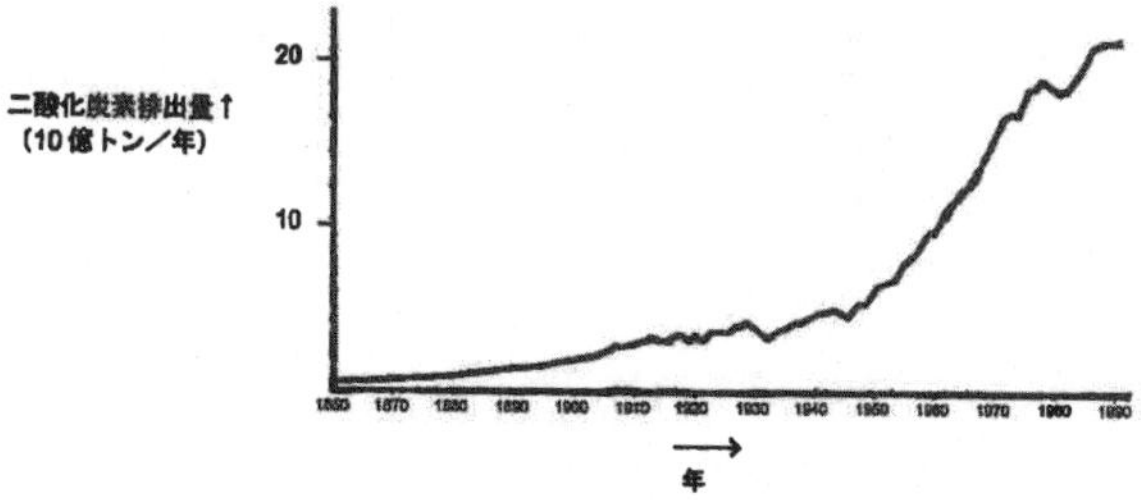

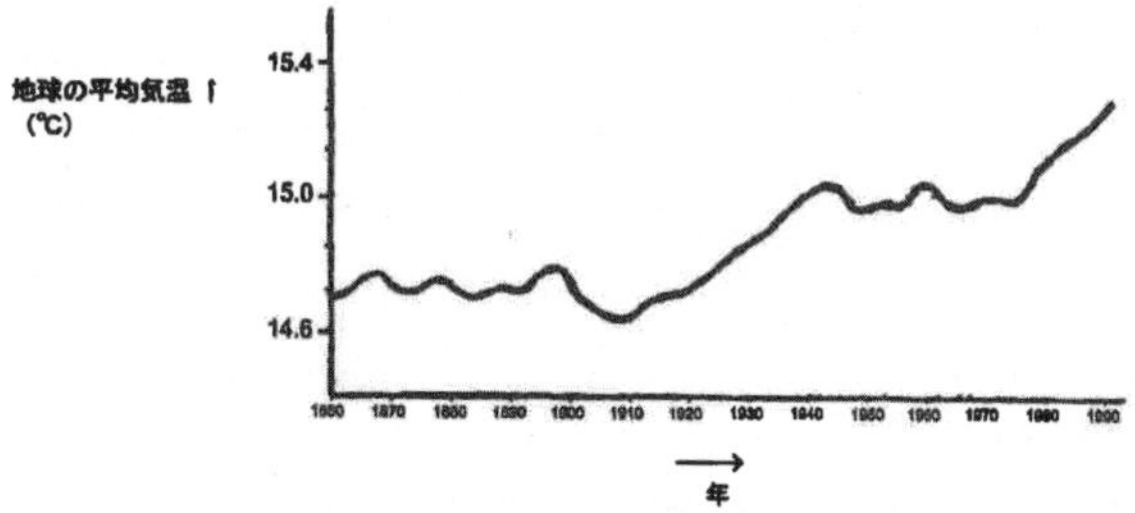

太郎さんは、この二つのグラフから、地球の平均気温が上昇したのは二酸化炭素排出量が増加したためであるという結論を出しました。

図2　PISA学力調査問題例

温室効果に関する問１

太郎さんの結論は、グラフのどのようなことを根拠にしていますか。

………………………………………………………………………………………………

………………………………………………………………………………………………

温室効果に関する問２

花子さんという別の生徒は、太郎さんの結論に反対しています。花子さんは、二つのグラフを比べて、グラフの一部に太郎さんの結論に反する部分があると言っています。

グラフの中で太郎さんの結論に反する部分を一つ示し、それについて説明してください。

………………………………………………………………………………………………

………………………………………………………………………………………………

………………………………………………………………………………………………

温室効果に関する問３

太郎さんは、地球の平均気温が上昇したのは二酸化炭素排出量が増加したためであるという結論を主張しています。しかし花子さんは、太郎さんの言うような結論を出すのはまだ早すぎると考えています。花子さんは、「この結論を受け入れる前に、温室効果に影響を及ぼす可能性のある他の要因が一定であることを確かめなければならない」と言っています。

花子さんが言おうとした要因を一つあげてください。

………………………………………………………………………………………………

………………………………………………………………………………………………

図3　PISA学力調査問題例

▼1＝大学入試センターは、数学で導入する予定であった記述式問題の出題を初年度は見送ることを決定した（二〇一九年七月）。理由は、二〇一八年一一月に実施したプレテスト（試行調査）で正答率が非常に低かったことや採点作業の負担が重く採点にブレがあることなどがあげられている。

▼2＝ちなみに、問三の回答は、地球の平均気温は、地球からの放射エネルギーと地球に入ってくる太陽が放射するエネルギーのバランスでも変動するため、太陽の放射エネルギーの量が変化したかどうか、ということであると考える。

社会経済と学力の変化

一九九〇年代以降、ＰＩＳＡ型学力などに象徴される新学力の育成が先進諸国で共通の課題とされてきている背景には、経済・産業、就業構造の変化とそれに伴う労働需要の変化がある。

一九八〇年代以降、コンピュータや人工知能（ＡＩ）といった生産・科学技術の発展により、就業構造と勤労者の業務形態が大きく変化してきているが、そうした変化が学校教育で育成すべき資質・能力、学力の内容に転換を迫ってきていると指摘されている。

学力観の転換を迫った戦後日本社会の経済・産業構造の変化を理解するため、戦後の日本社会の転換点になる一九八〇年代を境に、〝敗戦から一九八〇年まで〟と〝一九九〇

	敗戦～1980年代まで	1990年代～現在まで
社会・経済環境	・「追い付き型」近代化と持続的経済成長 ・自動車・家電等を中心とした大量生産型製造業	・低成長 ・製造業も多品種小生産（デザイン・機能等）、新興国の追い上げと工場等の海外移転 ・高度知識情報社会
雇用環境と要請される労働力	・持続的経済成長による慢性的な若年労働力不足 ⇒学校から職業への「間断のない移行」＝高卒・大卒の安定的雇用 ・大量生産型製造業に対応した均質で一定レベル以上の基礎的知識・技能、集団性・協調性の育成	・産業構造の流動化・変化による需要と供給のミスマッチ ⇒学校から職業への「間断のない移行」が困難化＝高卒・大卒の失業・非正規化等の雇用不安定化 ・高度知識情報産業化に対応した個別的なサービス、企画・経営、多様な発想と創造性・開発力 ・異業種・異能を超えてコミュニケーションや調整できる交渉力等
企業・組織の採用・人事・給与	・日本型雇用人事・給与（家族形態の変化に則した生活給的賃金上昇⇒子育て・教育費は子どもの成長に伴う年功賃金や扶養控除で捻出） ・採用時に、基礎的知識・技能等のような「一般的能力」を重視 ・新規卒業生を一括採用した後、企業・組織内で必要な資質・能力を研修・OJTを通して開発 <労働市場の内部化>	・日本型雇用人事・給与の変容・崩壊（雇用不安定化、生活給的賃金上昇は困難⇒子育て・教育費の捻出が困難） ・企業・組織は、内部研修等をして必要な能力開発をする時間的・財政的余裕を喪失 ↓ 必要に応じて中途採用、非正規雇用等＝即戦力と個人の自己研鑽力（意欲）を重視 <労働市場の外部化> ↓ コンピテンシー、エンプロイ・アビリティが求められてくる
企業・組織の採用基準と方法	「一般的能力」＝訓練可能性 →大学入学試験（学歴）で代替（学校で何を学び、何が出来るかはあまり重視しない）	即戦力と自己研鑽力 →大学卒業まで何を学び、何が出来るかを重視＝学歴「不問」と実績重視
大学教育と入学試験	・体系的な教育カリキュラム方針が無く、個々の教員に委ねられた ⇔試験・卒業等の評価基準が不明確 ・入学選抜は、集団準拠による序列と「落とす」ための試験	・各大学の入試選抜とどんな力を育成して卒業させるかを明示する社会的責任が問われる ⇔体系的な教育カリキュラムの確立と試験・卒業評価基準の明確化 ・卒業時に必要な学力のチェックと具体的能力の審査

表1　戦後日本の社会・労働環境、企業の採用・人事と学校教育の関係

年代から現在まで〟の経済・労働環境、および企業・組織の採用・人事と学校との関係を対照化した表1に則して、学校教育の変化を概観しておくことにしたい。

1　経済成長が生んだ「知識つめこみ型」教育

追いつき型近代化の学校教育への影響

敗戦後、政府は先進国へのキャッチアップ、つまり追いつき型近代化により戦後復興を進めることになるが、そのことがその後の教育政策に大きな影響を及ぼすことになった。

イギリスの社会学者R・P・ドーアの代表作の一つである『学歴社会』（一九七八）の中で使われている「後発効果」という概念は、戦前から戦後のある時期までの日本の教育政策の特徴と問題を理解するうえで参考になる。

「後発効果」とは、近代化を開始する世界史上の時点が遅ければ遅いほど、その国では、①学校修了証書（学歴）が求職者の選別に利用される範囲が広くなる、②学歴インフレの進行が早くなる、③学校教育が受験中心に傾く、というものである。なぜそうしたことが生じるのかを次のように説明する。

① 後発国は急いで先進国に追いつくために、手本とする先進国から「パッケージ」化された知識・技術等を導入し、それにより早急で効率的な人材養成を図っていく必要性が強まる

② 後発国においては、これまでの社会経済生活の基盤である農業等の伝統部門の上に、急速な近代化のために近代部門を構築していくため、伝統部門と近代部門という社会・経済の二重構造がはっきり形づくられるとともに、近代部門に人材をリクルートする必要からも給与等の物的精神的報酬を近代部門に集中されることでその格差が大きくなる

③ 伝統部門と近代部門との格差拡大の中で、近代部門に就職しようとする人々の欲求が促され、人々の高学歴志向が急速に進む（学歴インフレの進行）

④ 追いつき型近代化の国家目標が強調されることで、あらゆる人材を動員する制度が国家主導で整備され、機会均等・「実力」主義が広範な支持を得て多くの人々にとって学校教育が近代部門への経路として開かれる

「後発効果」という概念は、追いつき型近代化の達成という国家目標のために、国家主導で小学校と帝国大学等の高等教育の急速な整備を図った戦前の教育政策や学校制度の特徴を説明するうえで有効である。しかし、同時に、戦後教育の展開とその特徴を理解するうえでも有効であった。

戦前の日本経済は、綿工業を基軸産業とする軽工業によって支えられ、中国を始めとするアジア諸国へのそれら製品輸出と原料資源の輸入という対外経済関係を形成していた。戦後は、それらアジア市場を失い、また、アジア諸国が一九五〇年代に綿工業を中心に工業化を押し進め日本の綿工業に大きな打撃をもたらした。

そうした戦後当初の日本経済の大きな環境変化の中で、日本経済は重化学工業化による欧米へのキャッチアップという戦略を余儀なくされることになる（柴垣一九八三）。

当時の重化学工業化による追いつき型経済成長をスムーズに達成していくためには、解決されなくてはならない諸課題があった。具体的には、①高度の産業技術開発とその修得、②安価で豊富な資源、③膨大な投資資金、④良質の労働力の養成・確保といった課題であった。その後、これらの諸課題は、国主導の諸政策によって取り組まれていくことになる。高度の産業技術は欧米からの技術導入が図られた。膨大な投資資金の調達については、「日本開発銀行」（一九五一年全額政府出資の政府金融機関）創設や「企業合理化促進法」（一九五二年）制定等の、重化学工業を中心とする重点産業への税制・金融貸付上の優遇措置により、基幹産業の合理化と育成が図られた（柴垣一九八三）。そして、人材（労働力）の養成・確保では、国立大学の授業料低廉政策等の財政誘導による優秀な人材の大学進学の促進、国立大学理工系の重点的整備や高専創設、高等学校の拡充・多様化政策が取り組まれていく（大田一九七八）。

こうした戦後における重化学工業化を軸にした追いつき型近代化＝高度経済成長政策とそれと連動した教育政策は、高校・大学進学率を短期間に急上昇させ、学校教育制度の知識偏重の「選抜」的機能を肥大化させていくことになった。

日本的経営・雇用の影響を受ける学校教育

日本の学校教育の知識偏重な「選抜」機能（＝学歴偏重）を強める他の要因として、戦後の高度成長下で定着したとされる日本の経営・雇用構造の特質も指摘される（岩田一九七七、舟橋一九八三、乾一九九〇）。長期雇用、年功制（賃金、人事）、企業別労働組合という内容で総括される「日本的経営」は、一九三〇年代にその原型が形成され、戦後の経済成長期に本格的に構築、定着したといわれる。

欧米的経営・雇用の特徴は、外部からの中途採用が一般的に行われているように、当該ポストに相応しい資格・能力を有する人材を外部から登用するという「労働市場の外部化」にある。そのため企業側が採用時に勤労者に求める能力は、具体的な職務遂行能力を現す実績や資格等であるとされる。勤労者は、自分の望むポストや給与等を求めて企業間を動くことを是とされ、企業側もそれは経営方針や労働力需要の調整、変化に機敏に対応できる効率的なシステムとして捉えてきた。

それに対して、日本的経営・雇用の特徴は、新規学卒者の定期的な一括大量採用と、一度採用された人材は一つの企業に長期勤務することを奨励される点にある。採用された人材が同じ企業内でさまざまな仕事・部署を経験し、必要な教育訓練を経てその企業の必要とする専門的知識・技能を身に付けていくため、彼らの早期の退職・転職は経済的な損失になると考えられた。人材の長期勤務を奨励・定着させるために、企業内の福利厚生を充実し、長期に勤続すればするほど給与・処遇で有利になるように工夫された（勤続給、年功賃金、退職金制度等）。

こうした日本的経営・雇用のシステムで、新規学卒者に求められる能力は「一般的能力（訓練可能性）」といわれる。すなわち、仕事に必要とされる具体的で専門的な職務遂行能力は、入職後に実際の仕事や企業内教育訓練で身に付けていくことが期待されていることから、集団的な職務遂行に馴染み、効率的に必要に応じて求められる技能・知識を習得していくことのできる能力、すなわち「訓練可能性」が重視されることになる。

こうした「訓練可能性」といった一般的能力を正確に測り選別するノウハウを採用側が独自に持っているわけでもないため、社会的に一つの制度として定着している学校の選抜システム＝入試による学歴が利用されることになる（岩田一九八一）。

戦後のキャッチアップによる持続的経済成長を背景にした慢性的な若年労働力の不足と、新規学卒者の一括採用という日本的経営・雇用の定着・強化等が重なり、学校から職業への「間断のない移行」、つまり安定した雇用が継続した（中村二〇一四）。いわばこの時代は、学校では基礎的な知識・技能を身に付けてもらうだけで十分で、卒業後の仕事に必要な生きた知識・技能と活用・応用の力は、採用してから企業・組織が組織内教育訓練やＯＪＴで育成していく、というような学校教育と経済・労働の関係にあったともいえる。

2 戦後教育の転換点

一九八〇年代の模索――「制度化」され過ぎた学校教育の見直し

戦前・戦後の追いつき型近代化と高度成長戦略の下で、国主導による学校教育の整備拡充が一貫して進められた。また、教育課程でも一九六〇年代から一九七〇年代にかけて、科学・産業・文化の進展に対応した「教育の現代化」を謳った教育課程改訂が行われ、学習内容の増大と高度化が図られた。

しかし、一九八〇年代に入るとその弊害も指摘されてくるようになった。学歴社会批判や公立学校批判を先鋭にして「第三の教育改革」を謳った臨時教育審議会（中曽根内閣）による教育改革論議が展開された。この時期の教育改革論議から学校五日制の導入が決定され、「ゆとり」や総合的学習を盛り込んだ二〇〇二（平成一四）年実施の新教育課程に道を開くことになる。

その後、学校五日制や、「ゆとり」教育、総合的学習については、否定的な意見を

	制度化された学校での学び	日常生活場面での学び
(1) 目標	学ぶこと自体が目標、学習者が知識・能力を身に付けない限り目標を達成したとは見なされない。社会的地位・職業確保の手段	社会的に意味ある活動への参加を通じてその活動に役立つ技能・知識を獲得。個人の知的好奇心・向上心、必要性
(2) 構造	「専門家」に制御された学び	学習者の自律的、関心興味に応じた学び
(3) 動機	将来志向的な一般的・準備的な学び、非実用的・抽象的で日常生活では間接的有用性 →動機付けが低い	現在の具体的・実際的・個別的な対処 →動機付けが高い
(4) 内容	汎用性の高いと想定される言語的・記号的操作の練習	具体的な事物・事象を意味ある文脈で操作や問題の解決の方法
(5) 性質	個人がそれぞれに専有・保持(知識・学びの個人主義)	集団や組織で知識が分散・共有して保持されている(知識・学びの社会性)
(6) 評価	外的基準による画一的な外部評価、集団の中の個人的位置づけ(序列化)	内的評価

出典:稲垣・波多野(1998)より作成

表2　制度化された学校での学びと日常生活場面での学びの比較

含めてさまざまな議論が生起することになる。しかし、一九八〇年代の社会経済構造が大きく転換する中で、従来の学校中心の知識つめ込み型教育や学歴社会への批判が強まり、生涯にわたって主体的に選択しながら学習し生活していく力(「生きる力」「考える力」)を学校教育でしっかり育成する重要性は、広く社会的に受容されていたことも事実である。すなわち、追いつき型近代化と高度成長戦略の下で、学校教育の整備拡充が一貫して推し進められてきたことで、学校の優越主義、すなわち学校中心主義が非常に強化され、学校での学びがあまりにも「制度化された学び」(学びの形骸化、形式化)に陥ったという批判である(稲垣・波多野 一九九八)。

二〇〇二年の新教育課程で導入された「総合的学習」や「生きる力」「考える力」の提唱は、こうした過度な「制度化された学校での学び」を改革することを目指したものだった。過度に形式化・形骸化した学校での学びに、日常生活の場で行われている学びの特質とその積極的機能を取り入れることによって、「制度化された学校での学び」の歪み・弊害を是正していこうとするもので、教科の基礎・基本を習得する学習と対立したり矛盾したりするものではなかったことは確認されてよい(過度に「制度化された学校での学び」と「日常生活場面での学び」のそれぞれの特徴を整理した表2を参照のこと)。

3 バブル崩壊・グローバル化と教育の構造改革

社会・経済構造の変化と労働形態への影響

一九八〇年代に経常収支の黒字を増大し続けた日本経済は、その後、一九九二年のバブル崩壊で長い低迷の時期に入った。日本の経済・社会が「順風満帆」であったかに見えた一九八〇年代は、世界的には新興国の工業化が急速に進み、世界の製造業競争力地図を大きく変え、また、新たな成長産業として金融、知識・情報、IT等の高度知識情報産業分野を拡大するなど産業・就業構造の大規模な再編成が進んだ時代でもあった（野口二〇一四）。そうした世界的な産業構造の変化とグローバル化が進んだ時代に、日本はバブル景気もあって、それらの変化に対応するのが後れてしまった。

そのため、バブル崩壊以降の日本は、新たな世界的な産業・就業構造の再編とグローバリゼーションの圧力の下、経済・社会や教育等の各分野で本格的な構造改革を迫られることになる。

それでは、産業・就業構造の変化を背景にした労働現場の職務遂行能力の変容が、今後どのような新しい資質・能力の育成を要請しているのだろうか。

池永（二〇〇九）は、労働現場における仕事（業務）の形態を表3のように五類型に分類している。そのうえで、大量生産型の製造業を中心にした近代社会では、定型手仕事（単純手作業）や定型認識（単純知的作業）が中心であったが、それらの作業の多くがコンピュータや人工知能に代替されていくポスト近代社会（高度知識情報社会）では、非定型

カテゴリー	内容	作業（業務）例
定型手仕事（単純手作業）	予め定められた基準の達成が求められる身体的作業、手作業や機械を操作しての規則的・反復的な生産作業。自動化されルーティン化されている。	製造業の工場労働
非定型手仕事（非単純手作業）	身体的作業でそれほど高度な専門性を必要とはしないが、状況に応じて個別の柔軟な対応や熟練などが求められる。ある程度の熟練を要する。	サービス、美容、輸送機械の運転、修理・修復
定型認識（単純知的作業）	予め定められた基準の正確な達成が求められる事務的作業。ある程度ルーティン化され、課題が非常に明確な知的・事務的作業。	一般事務、会計事務、検査、監視
非定型分析（非単純分析的作業）	高度な専門知識をもち抽象的思考のもとに創造的で柔軟な方法で課題を解決する作業。予め基準や目標などが無く、自ら問題を発見し課題を設定してその課題解決に向けた筋道や方法などを自分で設定していく。	研究、調査、設計
非定型相互（非単純相互作用的作業）	高度な内容の対人コミュニケーションを通じて価値を創造、提供したり、葛藤・紛争などをコントロールしたり解決したりする作業。	法務、経営・管理、コンサルティング、教育、アート

出典：池永（2009）より作成

表3　仕事（職務）分類の五類型

分析（非単純分析的作業）や非定型相互（非単純相互作用的作業）が重要視されていくと指摘している。

一九八〇年代までの日本社会は、耐久消費財の大量生産に象徴されるように、標準化、規格化された労働作業の効率化を通して経済の成長・発展を図る社会であった。そうした近代社会の主流の仕事形態は、定型手仕事や定型認識作業であり、求められる能力は標準化された知識・技能であった。

それに対し、一九九〇年代に突入したポスト近代社会は、経済の情報化、サービス化といわれ、人々の多様で個別的なニーズに応える高付加価値をもった商品や情報、サービスを提供する高度知識情報社会である。その主流の仕事形態は、非定型分析業務や非定型相互業務となり、人々の多様で個別的なニーズに応える付加価値を生み出す能力が求められることになる。すなわち、旧来の産業・生産において主流であった機械的・定型的（マニュアル化された）仕事は人工知能に代わって担われるようになり、勤労者には人工知能では出来ない非定型的（マニュアル化されない）で高付加価値を生み出す創造的労働と社会変化に対応する汎用型能力が求められるようになる。

井上智洋は、人工知能の飛躍的発展が産業や経済に及ぼす影響を表4のように示している（井上二〇一六）。

特定の分野に限定された特化型人工知能から、複数の異なる分野を跨いで機能するようになる汎用型人工知能が出現することが想定される第四次産業革命以降は、そうした傾向が一層加速化していくことが予測されている。井上（二〇一六）は、そうした見通しの下で、コンピュータや汎用型人工知能に代替できない人間に求められる能力として、創造性（クリエイティビティ）、経営・管理（マネージメント）、もてなし（ホスピタリティ）

工業（製造業中心）		⇨ サービス業・情報産業（高度知識情報社会）	
1760年	1870年	1995年	2030年
第一次産業革命 （蒸気機関）	**第二次産業革命** （内燃機関・電気モーター）	**第三次産業革命** （パソコン・インターネット・特化型AI）	**第四次産業革命** （汎用型AI）

出典：井上（2016）

表4　経済システムと産業の変遷

を挙げている。

経済学者レヴィも、仕事を、①専門的思考（ルールに基づく解決方法のない問題解決能力）を必要とする仕事、②複雑なコミュニケーションを必要とする仕事、③単純認知的作業、④単純手作業、⑤非単純手作業、に分類したうえで、このうちコンピュータ化の対象になるのは③と④であると述べ、そこから、機械に雇用を奪われないためには、非定型的な認知的スキル（問題解決、批判的思考、コラボレーション、チームワーク、ＩＣＴ利用など）をすべての子どもたちに身に付けさせるべきだ、という主張している（松下二〇一四）。

ある論者は、旧来の能力（単純手作業・知的作業）とこれから求められる新しい能力（非単純分析的・相互作用的作業）の違いを、ジクソーパズル型能力とレゴ型能力の対比で簡潔に説明する。旧来の能力は、ジクソーパズル型能力であり、バラバラの断片（ピース）を適切にそれぞれの箇所に埋め込んでいき、出来るだけ早く最初の図柄（＝目標）を復元するという情報処理の速さ、正確さを求めるものであった。いわば既存の知識を活用して予め定められた目標、正解にどれだけ早くたどり着くかという情報処理の速さや正確さが重視されるものであった。

それに対して、これから求められる新しい能力はレゴ型能力ともいうべきもので、予め定められた目標（完成品）が存在しない中で、状況に応じて必要と自らが定める目標を設定し・バラバラのレゴの断片（ピース）ともいえるさまざまな知識、情報等を自ら編集して、その作り出した目標の意味や価値を周囲に説得し納得をさせていく力であると比喩的に説明する。

予め定められた目標の復元を迅速正確に行える旧来型能力に対して、予め定められた目標はなく状況に応じて目標を自ら設定し、その目標を実現する知識・情報の編集力とその目標の意味や価値を説得的に周囲に示すことができる能力を新しい能力として対比しているのは面白い（おおた二〇一三）。

図1は、一九八五年を一〇〇とし、二〇〇五年までの二〇年間の国内業務別就業者数の推移をみたものであるが、定型手仕事の就業者数が七九・五％に減っているのに対して、非定型分析の就業者数が一三〇・五％と増えていることがわかる（池永二〇一

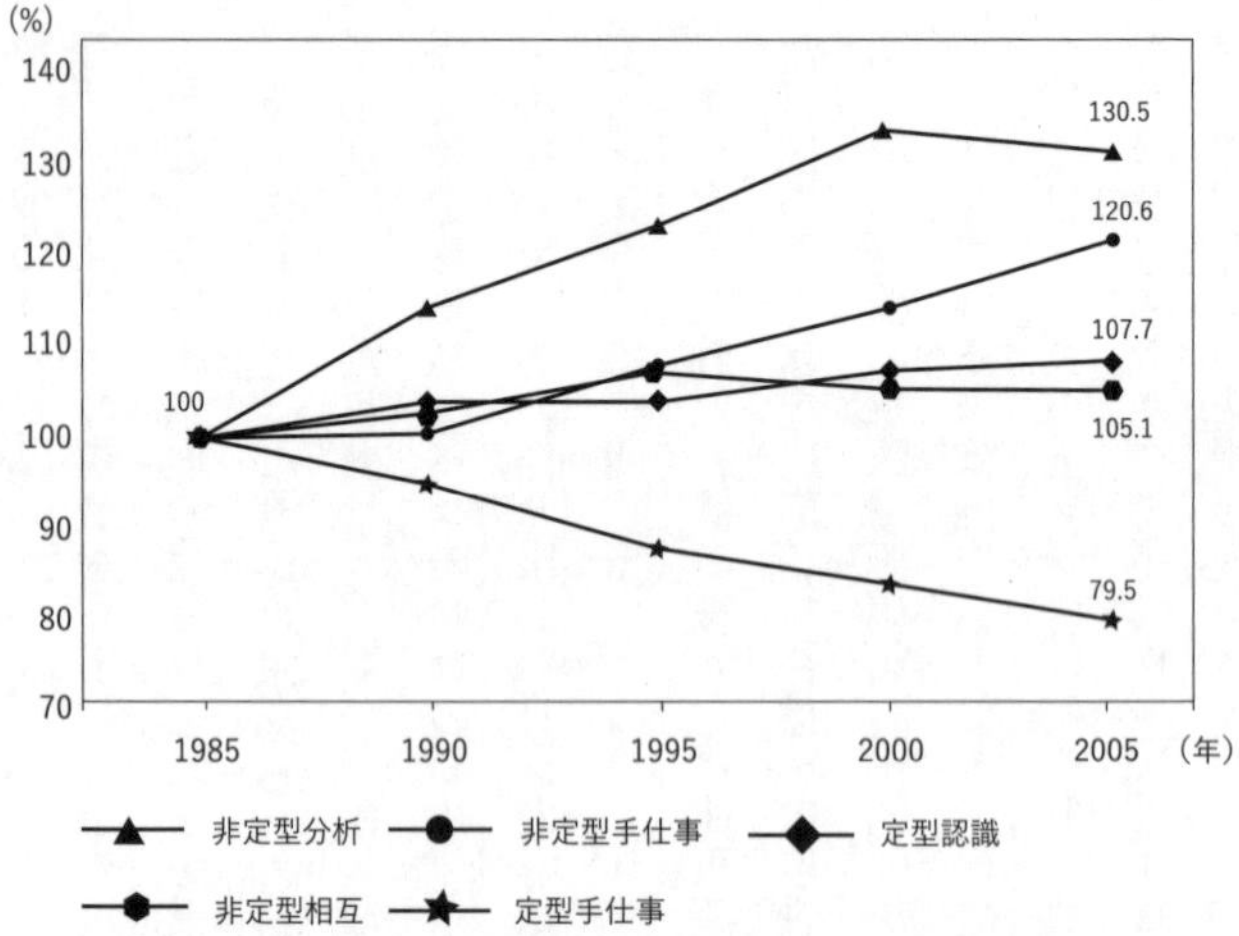

注：1985 年の総就業者数に占める割合を 100 とする

出典：池永（2011）

図1　日本国内の業務別就業者数推移

一）。

第三次産業への移行と新しい資質・能力

日本では、二〇一二年度統計データを見ても、製造業に携わる就業人口は一〇〇〇万人を切り、全就労人口六二三八万人の六分の一以下、GDPでも約一八％程度となっている。それに代わって、流通や金融等を含めた広い意味での第三次産業（＝サービス産業）が、就労人口でもGDPでも八割弱を占めるようになっている（森川二〇一六）。

しかし、GDPや就業人口に占

める割合が二〇％を切る状況になったからといって、今後、製造業が重要でなくなったというわけではない。ただ、旧来型の製造業の「復興」ではなく、新たなビジネスモデルを確立していくことが求められている。たとえば、経済学者の野口悠紀雄が述べているように、新興国との分業関係を築いてそのグローバルな水平分業で日本の強みを発揮して世界をリードしていく必要がある。また、これからの製造業は、研究開発を商品化に結び付け販売していくという一連のサイクルで展開することが不可欠とされており、企画、研究開発、設計、マーケティング等を包摂して、旧来の製造業とサービス産業との中間的ともいえる性格を強く帯びるようになっているとの指摘もある（野口二〇一四）。これからの製造業でも、旧来型の製造業で求められていた単純作業、単純知的作業とは異なり、課題発見力、企画力、研究開発力、異質な者とのコミュニケーション等の新しい能力が求められるようになっている。

一方、一九八〇年代以降、就業人口も国内総生産でもその構成比が八〇％弱となっているサービス産業においては、その質とレベルが異なることがあっても、どのようなサービス分野の職業でも、対人関係能力や社会的知——ここでいう社会的知とは、社会的な洞察力、交渉する力、説得する力、他者を支援・援助する力などであるが——

といえる社会関係力が求められている。

また、現代の高度知識情報社会は、産業の再編・流動化、知識・技術の絶え間ない革新が加速度的に進展する社会である。そうした社会は、学校から職業・雇用への移行を不安定化させ、また、仕事内容を流動化させ、労働市場の外部化（離職、転職）を促していくことから、常に、エンプロイ・アビリティ（employ［雇用する］とability［能力］を組み合わせた造語であり、労働の移動＝転職や流動化に対応できる能力で継続的に雇用されることを可能にする能力のことをいう）を身に付けることをはじめ、生涯を通じて学習し続ける能力が必要とされる。

そのことから、新しい資質・能力の中身の一つとして、個別的仕事に必要な専門性とともに、多くの仕事に共通して求められる高次の汎用的能力の重要性も指摘されている。

◉第三章

新学力をめぐる論議

ポスト近代社会、あるいは、高度知識情報社会と呼ばれる現代、そして、その発展の先にある将来の社会や産業を見通すとき、どのような新たな資質・能力を育成していくかは、先進諸国が共通して直面している教育課題である。ＯＥＣＤは、そうした先進諸国に共通する教育課題について二〇〇〇年前後からプログラム「コンピテンシーの定義と選択」(DeSeCo)の検討を開始し、コンピテンシー(competency)という概念をベースにした新しい資質・能力の考え方を提唱し、各国の教育政策に大きな影響を及ぼしてきた。

１　ＯＥＣＤのキーコンピテンシー

コンピテンシーとは、単なる知識や技能だけではなく、意欲や態度を含むさまざまな心理的・社会的なリソース（資源）を活用して、特定の文脈の中で複雑な要求（課題）に対応することができる力とされる。学校教育においては、日常生活のさまざまな場面で必要なコンピテンシーの基礎ともなるキーコンピテンシーの育成が課題とされる。

ＯＥＣＤのキーコンピテンシーは、以下のような三つのカテゴリーからなっている。

カテゴリー1　道具を相互作用的に用いる
　Ａ：言語・シンボル・テキストを相互作用的に用いる
　Ｂ：知識や情報を相互作用的に用いる
　Ｃ：テクノロジーを相互作用的に用いる
カテゴリー2　異質な人々からなる集団で相互に関わり合う
　Ａ：他者と良い関係を築く
　Ｂ：チームを組んで協同し仕事をする
　Ｃ：対立を調整し解決する
カテゴリー3　自律的に行動する

A：大きな展望の中で行動する
B：人生計画や個人的プロジェクトを設計し、実行する
C：権利、利害、限界、ニーズを擁護し、主張する

カテゴリー1の「道具を相互作用的に用いる」という際の道具とは、言葉や知識、情報、テクノロジーなどであるが、それらを相互にうまく関係づけ活用しながらテキストやデータ等を読み込み、必要な情報を選び出し整理し、問題や課題を設定し解決していく力や必要な情報を的確に発信していく力をいう。

カテゴリー2の「異質な人々からなる集団で相互に関わり合う」とは、他者と良い関係を築き、チームを組んで共同し仕事ができる、対立を調整し課題を解決していける力をいう。

そして、カテゴリー3の「自律的に行動する」とは、大きな展望の中で行動できる、人生設計や個人的プロジェクトを設計し実行する、権利・利害などを擁護し主張できる力とされる（松下二〇一〇）。

これまで、能力や学力を論じるときには、どうしても、能力を構成している個別の

要素をバラバラに並列的に論じる傾向があったが、このキーコンピテンシーの優れているところは、能力の要素を並列的に並べるのではなく、個人のそうした能力と具体的な課題文脈との相互作用として全体的、動態的に捉えているところであるとされている。また、新しい能力や学力を論じる際、どうしても「変化する社会や産業に対応する」というように、人間の方が社会や産業に順応、適応することを強いられる捉え方になることが多い。それに対してこのキーコンピテンシーは、「個人の成功」と「うまく機能する社会」の双方を視野に入れていることで、エンプロイ・アビリティのみを強調するような経済や社会への適応だけではなく、職業や社会等に主体的に関わり社会を変えていく（再構築していく）という視点も兼ね備えている点で優れた能力、学力の捉え方をしていると評価されている（OECDのキーコンピテンシー等の新学力をめぐる論議については、松下（二〇一〇）、国立教育政策研究所（二〇一六）等）。

OECDのPISA学力調査は、キーコンピテンシーのなかの「①道具を相互作用的に用いる」の中の要素となっている「言語、シンボル、テキストを相互作用的に用いる」、「知識や情報を相互作用的に用いる」等に焦点を定めたものであるとされている（松下二〇一〇等）。

2　新学力への懸念と可能性

ハイパーメリトクラシー

日本では、ＯＥＣＤのキーコンピテンシーやそれに関係した新学力の考え方に対しては、概ね、肯定的に評価されているが、疑問や批判の声もないわけではない。

本田（二〇〇五）は、人間の能力を近代型能力とポスト近代型能力の二つに分けたうえで表1のように対比している。近代型能力は、これまでの知識・技能を中心とした学力に該当し、ポスト近代型能力は、新学力、すなわち二一世紀型学力を意味している。

本田は、二一世紀型学力の特徴と問題を、基礎・基本の知識・技能や思考力だけでなく社会的能力、対人的能力や意欲、主体性等、能力の「ハイスペック（highspec）化」＝高性能化といわれるような人格丸ごとを能力評価の対象にするハイパーメリトクラシー（超業績主義）であると批判的に捉えて、それに抗うために「柔軟な専門性」を身に付けることで勤労者の主体性、自律性を確保することを提唱している。

事実、日本の企業、経済界では、一九九〇年代以降、労働現場に必要とされる新た

近代型能力	ポスト近代型能力
基礎学力	生きる力
標準性	多様性・新奇性
知識量・知的操作の速度	意欲・創造性
共通尺度で比較可能	個別性・個性
順応性	能動性
協調性・同質性	ネットワーク形成力・交渉力

出典：本田（2005）より作成

表1　近代型能力とポスト近代型能力の比較

な資質・能力としてコンピテンシーという考え方が提唱され人事考課にも取り入れられてきた経緯がある。

水原（二〇一七）によれば、日本の企業、経済界がコンピテンシーを人事考課に取り入れたのは、「学校内で豊富な知識や高い技能そして思考力を育成しても、これが必ずしも学校外の産業社会等」の業績や成功に結び付いているわけではないという現実から、業績や成功により直接的な相関性が高い新しい能力概念として、コンピテンシーに注目したからだという。そして、職務上の業績や人生における成功と高い相関性がある、個人の基底的特徴と定義されるコンピテンシーは、「１９９０年代から、米国および日本では好業績をあげている有能な人材を対象に、その行動・態度・思考法等を分析して基準モデルが作られ、これを基に能力開発や採用・昇進などの人事に利用されるに至っている」とされている。

日経連「新時代の日本的経営」（一九九五）は、日本の企業・組織がこれまで採用してきた長期継続雇用の成果を評価しつつも、①高齢化の中で年功的人事労務管理はポスト不足や人件費の増加を招き企業活力を失わせる、②同質性の高い組織風土が従業員の自主性、自立性、独創性の欠如や責任の稀薄化を生む土壌になっている、③企業偏重型生活スタイルが社会や家庭のバランスを崩している、④国際的には理解されにくい雇用慣行とみなされている、等の問題を生じさせてきているため、新たな雇用システムを創っていく必要を述べている。

その新しい雇用システムの理念と方向としては、産業や労働市場の構造的転換や従業員の就労・生活意識の変化に柔軟に対応できるよう、長期継続雇用の重視を含んだ柔軟かつ多様な雇用管理制度を提唱している。具体的には、長期蓄積能力活用型グループ、高度専門能力活用型グループ、雇用柔軟型グループの三層の雇用形態を提起しつつ、旧来の企業丸抱えの人材育成から従業員が自己責任、自助努力で資質・能力を開発していくシステムに移行していくべきことを謳っている（表2）。

そして、この時期、そうした雇用慣行、雇用システムの見直しとともに、「成果につながる行動を具体的に示して、その行動がとれたかどうかで処遇する」コンピテン

	雇用形態	対象	賃金
長期蓄積能力活用形グループ	期間の定めのない雇用契約	管理職・総合職・技能部門の基幹職	月給制か年俸制、職能給、昇給制度
高度専門能力活用型グループ	有期雇用契約	専門部門（企画、営業、研究開発等）	年俸制、業績給、昇給なし
雇用柔軟型グループ	有期雇用契約	一般職、技能部門、販売部門	時間給制、職務給、昇給なし

出典：日経連（1995）より作成

表2　グループ別処遇の比較

シーを基準とした人事考課、人事管理が企業に広がっていくことになる（水原二〇一七）。

高次な汎用的能力

新学力の育成の背景には、産業・就労構造の変化とそれに伴う労働形態の変容があることは確かであり、そうした文脈のなかで新学力の意味を考えると、本田が新学力をハイパーメリトクラシーであると批判することも一理あるように思える。そうした新学力をめぐる錯綜した論議を整理するうえで、松下（二〇一四）の以下のような指摘は参考になる。

松下は、図1のように、技能（能力）を一般的技能と特殊的技能に分類したうえで、さらに、前者の一般的技能を批判的思考や分析的推論、問題解決、コミュニケーションといった適用範囲の広い高次な汎用的技能

- ・一般的技能
  - ・汎用的技能
  - ・モジュール的技能
- ・特殊的技能
  - ・企業特殊的技能「各企業に特殊なコンピテンシー」
  - ・産業特殊的技能「柔軟な専門性」

出典：松下（2014）

図1　技能のタイプ

と、交換可能な部分的なモジュール的技能に分ける。また、後者の特殊的技能も、ある特定の企業だけに有効な企業特殊的技能と、個別企業を超えてある産業に汎用的な適用範囲の広い産業特殊的技能に分けて整理している。

従来の日本的経営・雇用では、新卒者の一括大量採用と入職後の組織内教育・訓練等による専門的技能育成の仕組みから、企業特殊的技能が求められてきた。

しかし、ポスト近代社会では、生産技術の発展や労働力の流動化等により高次の汎用的技能と産業特殊的技能が重視されるようになってきたと整理したうえで、新学力は高次な汎用的技能、そして、本田の提唱する「柔軟な専門性」は、産業特殊的技能に類似した内容であると捉えている。

そのうえで、松下は、本田の提唱する「柔軟な専門性」、すなわち、産業特殊的技能である特定の産業分野における固有の専門的技能の価値を肯定的に捉えつつも、「産業特殊的技能では一部の職業しかカバーできないし、変化の激しい現代においてその産業がこれから先も安定して存在しつづけるという保証もない。とすれば、産業特殊的技能のもつ実質性、具体性、仕事へのコミットメント（深いかかわり）などの面を含みこみながら、何らかの汎用性をもった学習を大学で行うことが必要になるであろう」と述べ、深い理解と結びついたアクティブ・ラーニングの実践と、そうした学びを通して、「道具を介して対象世界と対話し、異質な他者と関わりあい、自分をより大きな時空間の中に定位しながら人生の物語を編む能力」を育成することが重要であると結んでいる（松下二〇一四）。

松下の整理からは、産業的特殊技能（「柔軟な専門性」）が持つ実質性、具体性、仕事へのコミットメントを生かしながら、高次な汎用的能力を育成するために深い内容の理解・学びと結びついた「主体的で対話的な深い学び」＝ディープ・アクティブ・ラーニングが肝要であることが確認される。

3　主体的で対話的な深い学び

ＯＥＣＤのキーコンピテンシーは、個別のコンピテンシーの前提となる中核的なキーコンピテンシーとして理解されるべきものである。

キーコンピテンシーは、一般的な学習方法等を学ぶことで身に付くものではなく、一定の具体的な専門性や社会的文脈に裏付けられた深い文化的内容の理解・学習を通して身につくものである。教育機関での汎用的能力の育成は、「企業特殊的技能（各企業に特殊なコンピテンシー）」ではなく、一定の具体的な専門性や社会的文脈に裏付けられた深い文化的内容の理解・学習、すなわち「主体的で対話的な深い学び」（ディープ・アクティブ・ラーニング）を通して育成を図ることが目指されるべきである。それは、職業や市民社会など広く社会に主体的に参加し社会を変えていく（再構築していく）能力、学力として捉えられている。

知識は、個別に客観的・普遍的にあり、それが量として蓄積されて行けば、それが自然に対象世界をよりよく理解し、新たな知識を生み出すというようなものではない。知識は、個人の経験や価値観などを通して、その個人の全体的知識の体系・構造（スキーマ）に組み込まれており、新しい知識はそのスキーマに組み込まれて理解され「生きた」知識、「使える」知識になる。基礎的知識・技能の習得から活用、探求の一連の学習−指導過程は、そうした個人のスキーマを補強したり、修正したり、再体系化・再構築化するなどして学習の熟達を図り（広がりと深さを促す学び）、資質・能力を育成していく必要がある（今井二〇一六）。

その意味でも、基礎的知識・技能の習得から活用、探求といった一連の学習−指導過程の教育課程を編成し、広がりと深い学びをマネジメント、コーディネートする専門家・教員の役割は大きい。

ただ、ＯＥＣＤのキーコンピテンシーの考え方を肯定しつつも、実際の授業や学習指導の実践において、果たして、どのような授業や学習指導によってそうした新しい学力を育成できるのかを巡っても議論がある。

たとえば、キーコンピテンシーの優れた点は、能力の要素を並列的に並べるのではなく、個人のそうした能力と具体的な課題文脈との相互作業として全体的、動態的に捉えているところにあると述べたが、しかし、それを実際の授業や学習指導の場面で実践していくことはなかなか難しい面がある。

実際に、新学力の育成を目指して取り組まれている授業や学習指導の場面では、汎用的能力の内容をいくつかの要素に分け、それらの能力を意味ある実際の文脈や文化的内容から切りはなして、パッケージ化された授業——たとえば、「プレゼンテーション技法」、「ディスカッション技法」、「図書館利用・文献索引法」等の講義として行われていたりもしている。実際の文脈や文化的内容から切り離された汎用的能力の育成指導が、表層的な学習技法の学びになっている事例も多いと指摘されている。

実際の文脈や専門分野の深い文化的内容の学びを伴った汎用的能力の育成は、どのような授業や学習指導で可能であるのか、という実践的な取り組みが今後の課題であるともいえる。

また、新学力は、家庭や階層間格差を拡大するという懸念もある。それに対しては、アクティブ・ラーニングの一形態である協同学習が子ども相互の学び合いのなかで学力格差を是正するという指摘がある一方で、子どもの間で教える子と教えられる子が固定化し、学力格差の是正には効果はないとする指摘もある。そうした論議にもあるように、新学力を育成する授業や学習指導のあり方は、今後の実践的な取り組みにかかっているといえる。

また、新学力の育成は、それが要請されてきている背景を考えると、単に、教室の中だけの授業実践で完結する課題ではない。いったん社会に出て仕事や生活を経て、仕事や生活の必要から、再び、学校で学び直すことが容易にできるよう、社会・職業と大学等の教育機関間の垣根を低くして、必要に応じて生涯学び続けていくことができるリカレント教育の仕組みを構築していくことも、日本では特に重要である。

日本は、欧米に比べ、社会人、有職者の大学在籍率が極めて低い状況にある。欧米では、二五歳以上の社会人の大学在籍率が二〇％から三〇％となっているのに対し、日本は未だ二％にも満たない状況にある。

新学力の育成は、授業の内容の変革と同時に、学校と社会・職業の垣根を低くする教育制度の構築という学制改革に連動されて意味あるものになると考える。そうした教育制度の改革も視野に入れながら、これからの新学力をめぐる政策や論議を注視していく必要がある。

第二部

「子どもの貧困」と教育支援

重い教育費負担と広がる教育格差

一部では、一九九〇年代以降の産業・就業構造の大きな変化が、新学力の育成を課題として浮上させてきたことをみたが、同時期に、日本社会にもたらされたもう一つの課題が教育格差、「子どもの貧困」問題であった。

教育は、これまで社会的な格差や不平等を縮小、是正する数少ない政策手段の一つとして捉えられてきた。たとえば、アメリカでは、一九六〇年代以降、貧困と階層間格差が固定化し再生産されているという現実を直視し、社会経済的・文化的に劣位にある人々や階層に対して、優先的重点的な教育資源の投資をすすめる補償教育政策やヘッドスタート計画が試みられてきた。マイノリティ等に大学入学枠における一定の優先的枠を保証するアファーマティブ・アクション（積極的是正措置）、すなわち、弱者の不利な現状を是正するために、大学進学において特別な定員を設ける配慮などの優遇的措置を行う政策も試みられてきた。

1　学校から職業への「間断のない移行」の揺らぎ

そうした欧米における教育の不平等問題への積極的な取り組みに比べて、戦後の日本では、長い間、教育格差の問題はほとんど真正面から取り上げられることはなかった。逆に、一九六〇年代以降、高度経済成長を背景にした学校教育制度の整備拡充が、高校、大学への進学率を上昇させることで、社会的格差を縮小させ、教育の機会均等の保障を実現したと肯定的に評価されてきた。

その背景には、一九八〇年代まで、学校・企業・家庭の三位一体による生活保障のシステムが機能してきたという理由がある。学校・企業・家庭の三位一体による生活保障とは、新規学卒者の一括採用等を特徴とする日本型経営・雇用により、学校から企業・職業への「間断のない移行」（中村二〇一四）が、安定した雇用を保障したことである。そして、安定した雇用を基盤に、男性稼ぎ主の給与に妻子の扶養コストを含めた家族手当（生活給）と、子どもの成長に伴う年功賃金や扶養控除など子育て・教育費を保障する工夫と結び付くことで、家族主義の規範を強化し、家族主義の下に保育・福祉と共に教育を担う日本型の生活保障のシステムが機能してきた（宮本二〇〇九）。

しかし、一九九〇年代以降の経済のグローバル化と、それに伴う国内外の産業構造の再配置や就業構造の変化は、それまで続いていた学校から企業・職業へのスムーズな移行を大きく変えた。国内の堅実な中間階層の雇用先であった製造業や単純手作業・知的作業の仕事を、コンピュータ・人工知能等に代替させたり、国外に移転させたため、国内の失業や非正規雇用労働者の比率を高めていくことになった。また国内雇用の基軸が、製造業からサービス産業に移行するなかで、ＩＴや情報、金融等の成長産業と、介護等の処遇が劣悪で雇用が不安定・流動的な産業という対比的な二重構造も出現した。

そうした産業・就業措置の変化と格差拡大が、それまで機能していた学校・企業・家庭の三位一体による生活保障システムを解体し、教育の格差を顕在化させるようになった。[1]貧困研究の第一人者である岩田正美（二〇一七）は、ポスト工業社会において、労働市場の不安定さが全般的に増大し、人々が上位層から貧困層に転落することによって社会の集合的不安が増す状況を「降格する貧困」と表現し、この時代の貧困の特徴を「不安定が進化するプロセス」と捉えている。

中でも、若年労働者の労働市場における不安定さは非常に深刻な事態となっている。政府の「労働力調査」等の発表によると非正規雇用割合は、一九八四（昭和五九）年の一五・三％から二〇一七（平成二九）年の三七・三％に増加しており（図1）、年齢別では、近年、六五歳以上の層の割合が高まっているが、若年層と子育て世代層も二〇％前後で推移している（図2）。

若年層や子育て世代層の不安定雇用と低賃金が固定化するなかで、日本の「子どもの貧困率」[2]が世界でも高いことが指摘され、「子どもの貧困」問題が注目されるようになった。

2　家庭の教育費負担と格差

子どもの養育・教育には多額の経費が支出されており、その経費は主に国・自治体

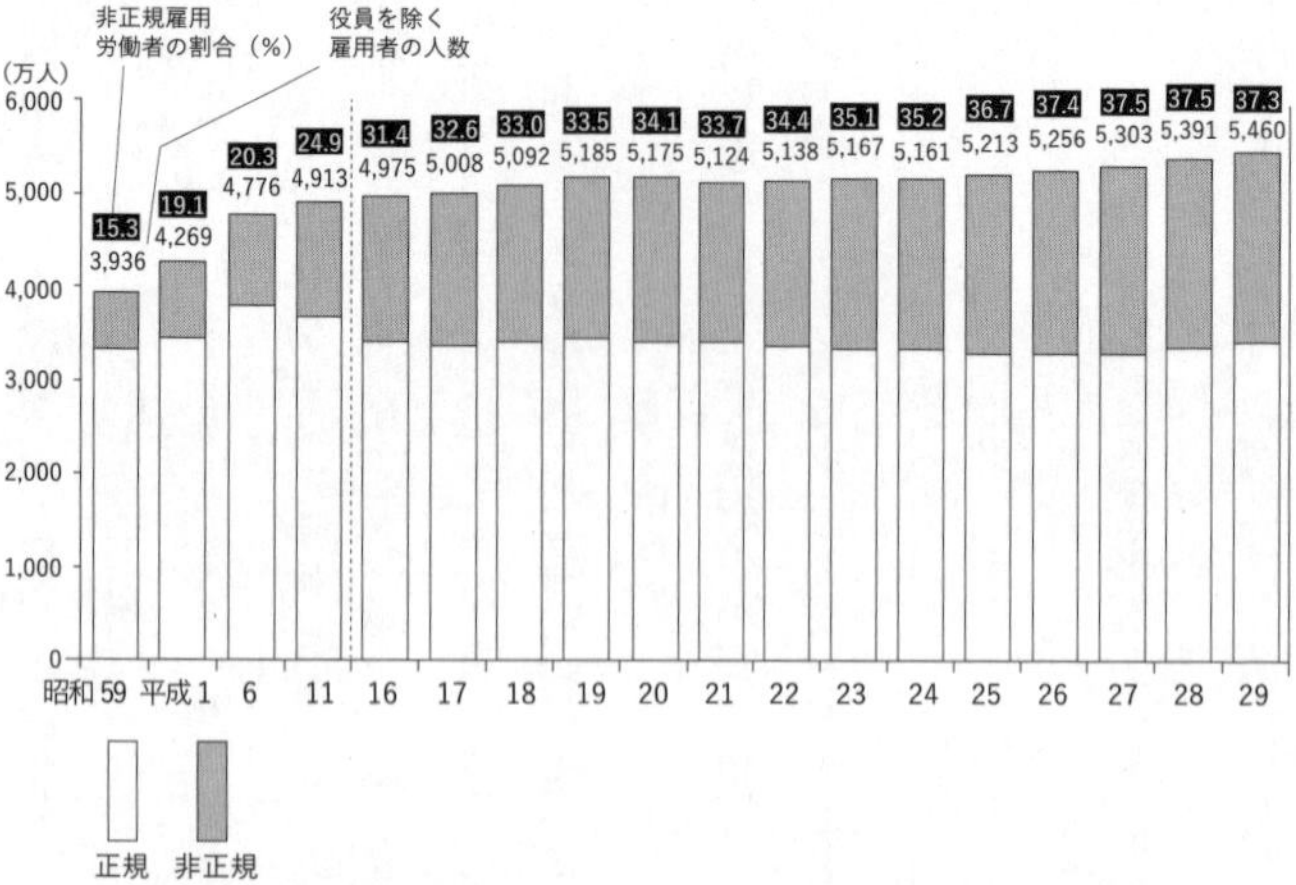

出典：総務省統計局「労働力調査」

図1　正規雇用と非正規雇用者の割合の推移

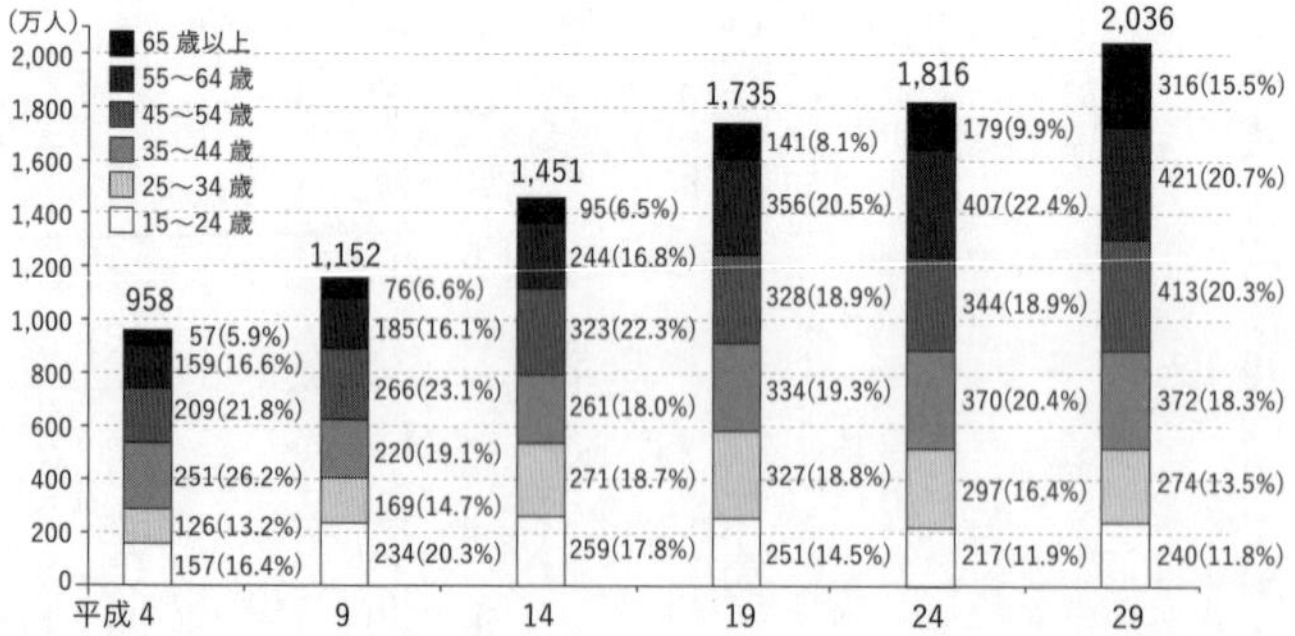

出典：総務省統計局「労働力調査」

図2　非正規雇用者の年齢別推移

が支出する公費と家庭支出の私費に分けられる。

日本では子どもの養育・教育に支出する公費の割合が低く、私費に大きく依存している。GDP（国内総生産）に占める公教育費の割合を主要各国間で比較したOECDの統計によると、日本はOECD加盟国中で最低ランクに位置している。▼3

日本のGDPに占める公教育費の割合が低い原因については後で考えるが、公教育費の支出が低い分、教育費は私費（＝家計）に大きく依存していることになる。

教育費負担の実態

そこで、まずは、子ども一人当たりの養育・教育費の家庭支出額がどの程度かをいくつかの調査統計データから見ておく。

データが少し古くなるが、子どもの養育・教育費の家庭負担について詳細な項目区分をベースに試算したものとしてAIU保険会社の報告書「現代子育て経済考」（二〇〇五年度版）がある。その試算によれば、出産から大学卒業までの基本的養育費（出産・育児費用、食費、衣料費、等）を約一六四〇万円、幼稚園から大学まですべて国公立の場合の教育費を一三四五万円（大学四年間国立四九二万円）と試算し、養育・教育費の子育て総費用はすべて国公立の「節約コース」で総計二九八五万円と算出していた。教育費は、国公立、私立をどう選択するかで変わるが、幼稚園から大学まですべて私立（文系）では教育費二〇六三万円（大学四年間六〇四万円）となり総費用三七〇三万円、すべて私立で大学も私立医科歯科系の場合には教育費四四二四万円（大学六年間二九六五万円）で総費用六〇六四万円になると試算していた。

文部科学省が隔年で実施している「子どもの学習費調査」は、公私立の幼稚園から高校までの保護者が支出する学習費を、学校教育費（教材費等）、学校給食費、学校外活動費（塾、お稽古ごと等）の三つのカテゴリーに分けて調べたものである。

この「子どもの学習費調査」の二〇一六（平成二八）年度分を基に幼稚園から高校までの子どもの学習費の総額を確認すると表1のようになっている。

公立と私立の比較では、幼稚園、中学校、高校で私学が公立の二倍強、小学校では四・七倍の学習費支出になっている。学校外活動費（塾、おけいこ事、等）では私立の方が公立と比べ若干高いが差はそれほど大きくない。しかし、学校教育費（授業料、教材費等）では小学校一四・五倍、中学校七・五倍、高校二・七倍と私立が高くなっているのが目立つ。

（円）

区分	幼稚園		小学校		中学校		高等学校（全日制）	
	公立	私立	公立	私立	公立	私立	公立	私立
学習費総額	233,947	482,392	322,310	1,528,237	478,554	1,326,933	450,862	1,040,168
公私比率	1	2.1	1	4.7	1	2.8	1	2.3
うち学校教育費	120,546	318,763	60,043	870,408	133,640	997,435	275,991	755,101
構成比（%）	51.5	66.1	18.6	57.0	27.9	75.2	61.2	72.6
公私比率	1	2.6	1	14.5	1	7.5	1	2.7
うち学校給食費	20,418	29,924	44,441	44,807	43,730	8,556	…	…
構成比（%）	8.7	6.2	13.8	2.9	9.1	0.6	…	…
公私比率	1	1.5	1	1.0	1	0.2	…	…
うち学校外活動費	92,983	133,705	217,826	613,022	301,184	320,932	174,871	285,067
構成比（%）	39.7	27.7	67.6	40.1	62.9	24.2	38.8	27.4
公私比率	1	1.4	1	2.8	1	1.1	1	1.6

注1：平成28年度の年額である。
注2：「公私比率」は、各学校の公立学校を1とした場合の比率である。

出典：文部科学省「子どもの学習費調査」（2016年度）

表1　幼稚園から高校卒業までの15年間の学習費総額

また、学校段階別の進学先を公立か私立かの六つのケースに類型化してその学習費総額をみたものが表2である。

表2でも幼稚園三歳から高校卒業までにかかる学習費総額は、ケース1（すべて公立）で約五四〇万円になり、これに国立大に入学し卒業するまでの入学金・授業料等の納付金総額（約二五〇万円）を加えると幼稚園から大学卒業までの教育費は八〇〇万円前後になる。ケース6（すべて私立）では、幼稚園から高校まですべて私立の場合には約一八〇〇万円となっている。これに私立大学の四年間の入学金、授業料、施設整備費等の納付金総額（文科系学部で約三八六万円、理系学部で約五二二万円、医歯系学部では六年間で一五三一万円）を加算すると、学部によっ

（円）

<table>
<tr><th rowspan="2">区分</th><th colspan="4">学習費総額</th><th rowspan="2">合計</th></tr>
<tr><th>幼稚園</th><th>小学校</th><th>中学校</th><th>高等学校（全日制）</th></tr>
<tr><td>ケース１（すべて公立）</td><td rowspan="3">682,117（公立）</td><td rowspan="3">1,934,173（公立）</td><td rowspan="3">1,433,090（公立）</td><td rowspan="3">1,351,336（公立）</td><td>5,400,716（公→公→公→公）</td></tr>
<tr><td>ケース２（幼稚園だけ私立）</td><td>6,163,984（私→公→公→公）</td></tr>
<tr><td>ケース３（高等学校だけ私立）</td><td>7,159,185（公→公→公→私）</td></tr>
<tr><td>ケース４（幼稚園及び高等学校が私立）</td><td rowspan="3">1,445,385（私立）</td><td rowspan="3">9,164,628（私立）</td><td rowspan="3">3,979,521（私立）</td><td rowspan="3">3,109,805（私立）</td><td>7,922,453（私→公→公→私）</td></tr>
<tr><td>ケース５（小学校だけ公立）</td><td>10,468,884（私→公→私→私）</td></tr>
<tr><td>ケース６（すべて私立）</td><td>17,699,339（私→私→私→私）</td></tr>
</table>

出典：文部科学省「子供の学習費調査」（2016年度）

表2　ケース1からケース6

て異なるが、約二二〇〇万円～三三〇〇万円になる。前述の民間会社のデータより多少金額は低くなっているが、すべて国公立でも多額の私的教育費がかかることがわかる。

子どもの成人までの基本的養育費は平均して一五〇〇万円ほどかかると試算されており、上記の文部科学省の学習費調査から算出される学習費も加えると、子ども一人当たりの養育・教育費はすべて国公立の「節約コース」では約二三〇〇万円、すべて私立で大学は医歯系で約四八〇〇万円になる。

子どもの養育・教育費が家計に重くのしかかる一方で、教育でも階層間格差の拡大が指摘されるようになっている。それは、前述の文部科学省「子どもの学習費調査」のデータからも伺える。

「子どもの学習費調査」では、世帯の年間収入別の学校外活動費の分析も行っており、その結果が、図3（公立学校）と図4（私立学校）である。公立・私立ともに、ほとんどの学校段階で世帯の年間収入が高いほど、学校外活動費が増加している。

こうした世帯の年間収入別における教育費支出の格差が、高校卒業後の進路にも大きな影響を及ぼしている。図5は、世帯年収別の高校生の進路別進学率（四年制大学、就職、専門学校、短大、浪人・未定）をみたものであるが、世帯収入が四〇〇万円以下では就職が三〇・一％であるのに対して八二五万以上では一〇％以下となっている。四年制大学への進学率では年収が高い層ほど進学率が高くなっており、四〇〇万円以下の層と一〇〇〇万円超の層では二倍程の差となっている。

「現代的貧困」としての教育格差

経済困窮世帯の子どもが置かれている教育状況と進路選択の制約は、すべての国民

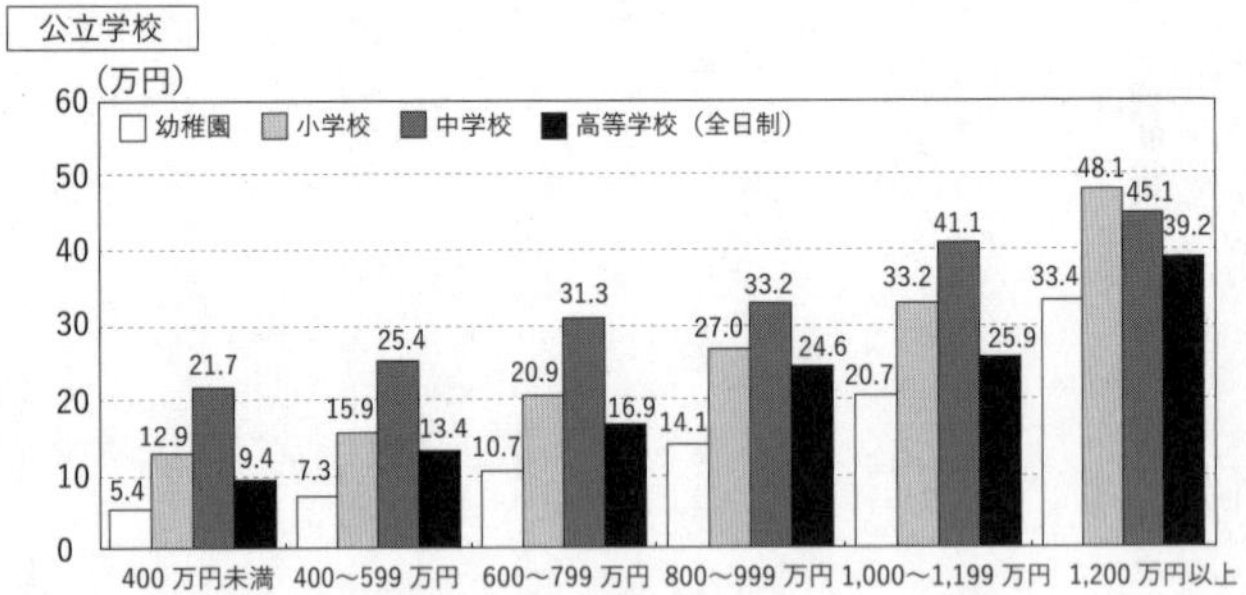

図3　世帯年収別学校外活動費（公立学校）

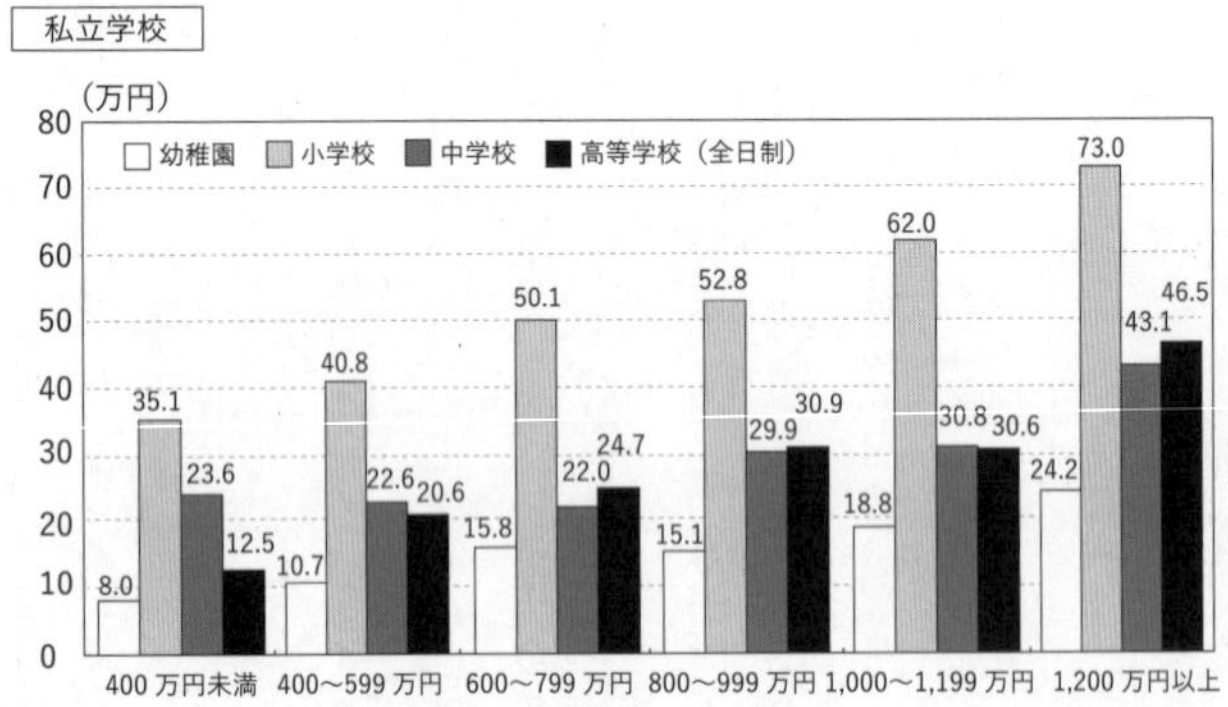

図4　世帯年収別学校外活動費（私立学校）

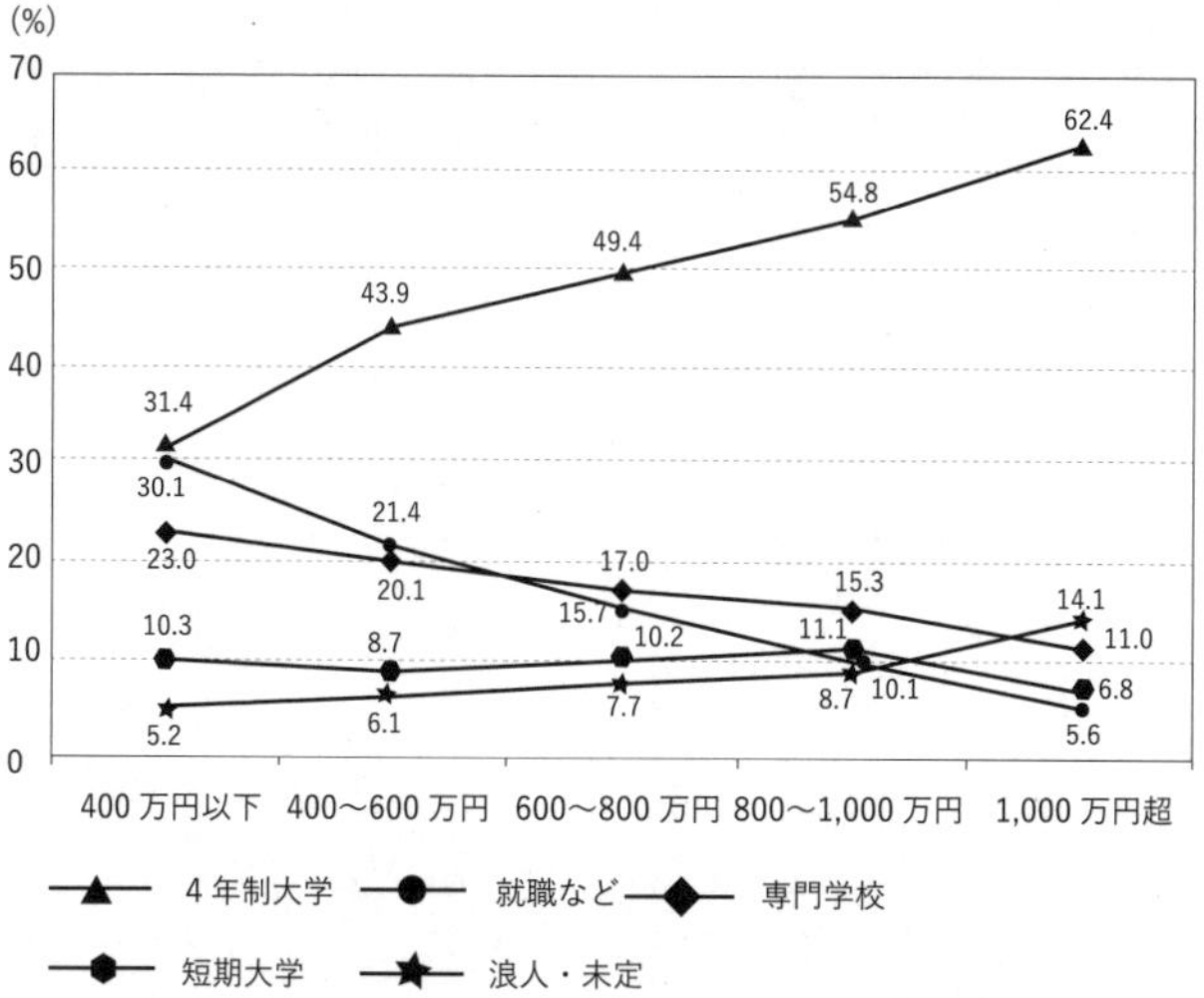

出典：東京大学大学経営・政策研究センター「高校生の進路追跡調査」（2007）

図5　高校生の進路別進学率（世帯年収別）

が能力に応じた教育を受ける機会を与えられており、社会的身分、経済的地位等で差別されてはならないとする憲法（二六条）や教育基本法（四条）の理念に反する事態である。

特に、近年では、貧困の定義を「生存ぎりぎりの状態（飢餓的貧困、絶対的貧困）以下にある」という考え方から、貧困を「その国のその時代における標準的な生活様式＝人並の生活様式が『剥奪』され、充たされていない状態」と解釈するようになっている。個人・集団間にある格差のなかで「容認されざる格差」（Deprivation＝権利からの剝奪）を現代的貧困（相対的貧困）と捉え、そうした「容認されざる格差」は、広く社会経済構造にかかわる問題として政府の行政（是正）責任を明確に求める考え方が一般的になっている（高山一九八一、岩田二〇〇七）。

こうした「容認されざる格差」という「現代的貧困」の観点からみたとき、経済困窮世帯の子どもが置かれている教育状況や進路選択の制約（表3）は、教育への権利から剝奪されている状態とみなされ、特別の配慮をもって改善されることが要請される。

3　「子どもの貧困対策推進法」と「子どもの貧困対策大綱」

政府も深刻化する「子どもの貧困」問題に対して動き出した。「子どもの貧困対策の推進に関する法律」（以下、子どもの貧困対策推進法、二〇一三年六月一九日成立、同年六月二六日公布、二〇一四年一月一七日施行）と「子どもの貧困対策に関する大綱」（以下、子どもの貧困対策大綱、二〇一四年八月二九日閣議決定）は、経済困窮世帯の子どもに対する教育支援施策の拡充にとって一つの画期をなすものであった。

「子どもの貧困対策推進法」は、その基本理念として、「子どもの貧困対策は、子ども

	全世帯	生活保護世帯	児童養護施設	一人親世帯
中学卒業後就職率	0.3	2.5	2.1	0.8
高校等進学率	98.6	90.8	96.6	93.9
高校等中退率	1.7	5.3	-	-
高校卒業後就職率	17.3	46.1	69.8	33.0
大学等進学率	73.3	32.9	22.6	41.6

注：単位%。大学等進学率には専修学校・短大を含む
出典：内閣府「子どもの貧困対策に関する大綱」(2014)

表3 「子どもの貧困対策大綱」で明示された子どもの貧困の指標

等に対する教育の支援、生活の支援、就労の支援、経済的支援等の施策を、子どもの将来がその生まれ育った環境によって左右されることのない社会を実現することを旨として講ずることにより、推進されなければならない」(二条)と謳い、国と自治体がこの基本理念に則り、子どもの貧困対策を総合的に策定・実施することを義務付けている(三条、四条)。そして、子どもの貧困対策を総合的に推進するために、政府に子どもの貧困対策に関する大綱の策定を求めた(八条)。

「子どもの貧困対策大綱」は、基本的方針として、貧困の世代間連鎖の解消と積極的な人材育成を目指すために、子どもに視点を置いて切れ目のない施策の実施に配慮する等の一〇の基本方針を掲げていた。教育施策で注目すべきことは、重点施策として、学

校を子どもの貧困対策のプラットフォームと位置付けて、①学校教育による学力保障、②学校を窓口とした福祉関係機関との連携、③経済的支援を通じて学校から子どもを福祉的支援につなげ、総合的に対策を推進するとともに教育の機会均等を保障するため、教育費負担の軽減を図るとしている点である。

具体的には、まず幼児期から高等教育段階まで切れ目のない教育費負担の軽減を目指すとしており、幼児教育の段階的無償化（対象範囲等の具体的内容は今後の課題）、義務教育段階における低所得者対象の就学援助等の充実、高校等段階では高校授業料無償化（就学支援金制度）に加えて、低所得世帯を対象にした高校生等奨学給付金（給付型奨学金）の充実、高等教育段階では無利子奨学金の充実と所得連動返還型奨学金の導入等が掲げられていた。

また、「子どもの貧困対策大綱」は、そうした経済的負担の軽減策だけでなく、子どもの学習や学校の教育活動支援もさらに充実を図ると謳っている点は注目される。子どもの貧困問題に関する理解増進のために就学支援に関する教職員研修会の開催、教育相談体制の充実のために貧困世帯と学校・教育委員会・福祉部局をつなぐスクールソーシャルワーカーの配置拡充、また、低所得世帯の家庭学習支援のために、学習活動支援費（辞書・事典の購入費等）補助の創設や学校支援地域本部を活用した無料の学習支援事業の実施等の推進が提言されていた。

その後「子どもの貧困対策推進法」は貧困対策の施策と推進体制の充実をさらに図るため、二〇一九（令和元）年六月一二日に一部改正された（六月一九日公布、公布後三月以内に政令に定める日から施行）。

主要な改正点は、次の通りである。

① 目的・基本理念の充実：子どもの「将来」だけでなく「現実」に向けた対策であること、貧困の背景にさまざまな社会的要因があることを踏まえること等

② 大綱の記載事項の充実：取り組む施策指標に、「一人親世帯の貧困率」および「生活保護世帯に属する子どもの大学等進学率」を加えるとともに、検証評価等の施策の推進体制を明記すること等

③ 市町村による貧困対策計画の策定：市町村は政府の大綱および都道府県の計画を勘案して子どもの貧困対策の計画を定めるよう努めること

④ 具体的施策の趣旨の明確化：教育支援では、就学・学費の援助、学習の支援につい

て、「教育の機会が図られるよう」必要な施策を講ずると教育機会の保障の目的
に沿って実施される趣旨を徹底

義務教育を所管する市町村に、子どもの貧困対策基本計画策定の努力義務を課したことは大きな意味があるし、施策の検証評価を重視した推進体制の整備を求めている点も今後の施策の充実、発展を期待させるものになっている。

▼1＝日本の学術研究分野で、教育の格差や不平等に関わる研究テーマを主に検討してきた教育社会学においても、教育現場のもっとも身近な学力問題を通して階層間格差や学力格差を真正面から論じ研究調査をするようになったのは二〇〇〇年に入ってからであると指摘されている（耳塚二〇一四）。

▼2＝「子どもの貧困率」＝子どもの貧困とは、可処分所得の中央値の五〇％以下の所得で暮らす相対的貧困の一七歳以下の子どもの存在および生活状況をいい、一般的家庭の所得水準の半分にも満たない水準で暮らしている子どもたちがどれだけいるのかということを指す基準である。二〇一五年度の厚生労働省調査によれば日本の「子どもの貧困率」は一三・四％で、七人に一人の子どもが貧困状態にあることになる。

▼3＝ＯＥＣＤ加盟国の平均四・二％に対し、日本は二・九％で比較可能な三四カ国中、最低であった。公的支出の割合がもっとも高かった国は、ノルウェーで六・三％、フィンランド五・六％、アイスランド五・五％、ベルギー五・四％、スウェーデン五・〇％、イスラエル四・九％などであり、ＯＥＣＤ加盟国平均の四・二％より低かったのは、アメリカ・韓国四・一％、オーストラリア四・〇％など、そして、最低ラインは、日本の他、アイルランド三・一％、チェコ三・二％、イタリア三・三％、ドイツ三・六％等となっている（OECD "Education at a Glance 2018"）。

教育支援制度の現況と課題

この章では、「子どもの貧困対策大綱」で重点施策とされた幼児期から高等教育段階までの切れ目のない教育費負担の軽減策として掲げられていた中から、義務教育、高校、高等教育の各段階の教育支援制度の現況と課題を見る。

1　義務教育段階

義務教育段階における経済困窮世帯への教育支援制度には、教育扶助と就学援助という二つの仕組みがある。教育扶助を受給する要保護児童生徒数と、就学援助を受給する準要保護児童生徒数の推移は、図1の通りである。両者の受給者総数は児童生徒数の減少もあって低下傾向にあるが、全児童生徒数に占める受給率は一五%台を推移

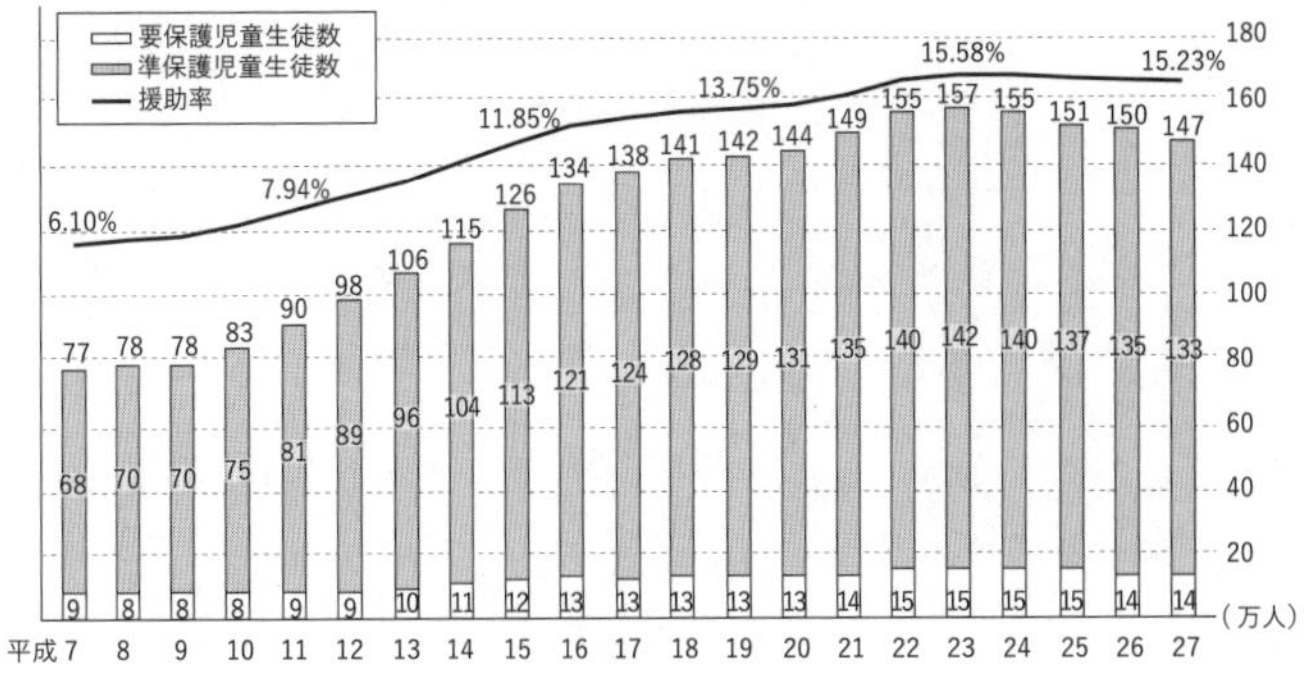

出典：文部科学省調べ

図1　要保護児童生徒数と準要保護児童生徒数の推移

しており、約七人に一人が受給している。

教育扶助の費目、単価

教育扶助は、憲法第二五条「健康で文化的な最低限度の生活を営む権利」の保障を目的とした「生活保護法」に基づき、生活保護受給基準以下の生活困窮世帯（要保護世帯）で義務教育就学児童生徒のいる世帯に支給される。厚生労働省―福祉事務所の所管で、国の責任と基準により、教育扶助の現金支給が毎月月額小学校二一五〇円、中学校四一八〇円の他、新入学準備、教材代、学校給食、交通費、その他義務教育に伴う必要な経費が支給される。また、二〇〇九（平成二一）年度から、「学習支援費」が新設され、現在、月額小学校

表1　要保護世帯への教育扶助品目単価と準要保護世帯への就学援助品目単価

出典：文部科学省「就学援助実施状況等調査結果」（2019年12月）

小学校

	学用品費	体育実技用具費	新入学児童生徒学用品費等	通学用品費	通学費	修学旅行費	郊外活動費（宿泊を伴わないもの）	郊外活動費（宿泊を伴うもの）	クラブ活動費	生徒会費	PTA 会費
教育扶助品目単価（2016年度）	11,420	スキー 26,020 スケート 11,590	20,470	2,230	39,290	21,490	1,570	3,620	2,710	4,570	3,380
就学援助品目単価（市町村平均）	11,737	23,229	20,307	2,280	33,795	20,109	1,594	3,701	2,521	3,952	3,142
予算単価と同額以上の市町村数	1,456	214	1,403	1,134	48	404	1,088	630	147	161	264

中学校

	学用品費	体育実技用具費	新入学児童生徒学用品費等	通学用品費	通学費	修学旅行費	郊外活動費（宿泊を伴わないもの）	郊外活動費（宿泊を伴うもの）	クラブ活動費	生徒会費	PTA 会費
教育扶助品目単価（2016年度）	22,320	スキー 37,340 スケート 11,590 柔道 7,510 剣道 51,940	23,550	2,230	79,410	57,590	2,270	6,100	29,600	5,450	4,190
就学援助品目単価（市町村平均）	22,479	23,969	23,436	2,231	59,225	54,232	2,321	6,229	22,854	4,057	3,945
予算単価と同額以上の市町村数	1,445	306	1,405	1,131	49	407	785	615	203	221	256

二五六〇円、中学校四三三〇円が支給されている。[1] 教育扶助の対象になっている費目と単価は表1の通りである。

教育扶助の問題点と見直しの経緯

教育扶助の第一の問題点は、長い間、支給対象が義務教育段階に留められてきたことである。戦後当初から要保護世帯からの高校進学は認められていなかったが、高校就学が世帯の自立助長に効果的という判断もあり、ようやく、一九七〇年代に至って資金の自己調達を条件に要保護世帯からの高校進学が認められた。

しかし、要保護世帯生徒の高校進学・修学費への支援が不十分であったため、要保護世帯からの高校進学・修学は容易なことではなかった。当時、全国一般家庭の高校進学率は約九八％となっていたが、要保護世帯では八〇％前後に留まっていた。近年では、後述するような、高校授業料無償化とともに要保護世帯生徒に対する生業扶助による高等学校等就学費の支給、さらに、奨学給付金の支給などもあり要保護世帯生徒の高校等進学率は九二・八％（二〇一五年度、全世帯九八・八％）まで高くなっている。ただ、進学先は、全日制六七・四％（全世帯九一・四％）、定時制一一・七％（同二％）、通信制五・二%（同二%）、特別支援学校高等部六・九%（同一・九%）、専修学校高等課程一・二%（同〇・二%）という内訳となっており、全世帯と比較して全日制高校以外への進学が多くなっているし、要保護世帯生徒の高校等中途退学率は四・五%と非常に高い▼2（全世帯は一・五%）。

過去の要保護世帯生徒の高校進学問題を象徴する一つの事例として「学資保険訴訟」がある。この裁判事件は、要保護世帯の親が、子どもの高校進学準備金を捻出するため、生活保護費の一部を学資保険として積み立てたことが保護費を預貯金に回すことを認めていない生活保護法違反に当たるとして、保護費を削減した市福祉事務所の措置の取り消しを求めた訴訟である。

本件は、福岡地裁（一九九五年三月一四日）、福岡高裁（一九九八年一〇月九日）を経て、最高裁判決（二〇〇四年三月一六日）で結審した。最高裁判決は、「生活保護法は保護世帯に家計の合理的な運営を委ねており、保護費を一定期間内に使い切ることまで要求していない」「最低限度の生活を維持しつつ、子弟の高校進学のための費用を蓄える努力をすることは、生活保護法の趣旨に反しない」等、保護費の使途に関し受給者の裁量を認めて保護費を預貯金に回すことは法の趣旨に反しないとする判断を示した。

この判決を受け、生活保護制度見直しの審議を進めた厚生労働省の専門委員会報告（二〇〇四年一二月一四日）は、生活保護世帯の高校進学を準備する預貯金を認めることや、「被保護世帯の子どもが高校就学する場合、現状では、奨学金、就学のために恵与される金銭、その他その者の収入によって教育費を賄うことができる場合にのみ、就学しながら保護を受けることができるとなっている。しかし、高校進学率の一般的な高まり、『貧困の再生産』の防止の観点から見れば、子どもを自立・就労させていくためには高校就学が有効な手段となっているものと考えられる。このため、生活保護を受給する有子世帯の自立を支援する観点から、高等学校への就学費用について、生活保護制度において対応することを検討すべきである」と高校就学費用も生活保護制度で対応すべきということを提言した。

厚生労働省はその提言を受け、二〇〇五年度から交付税措置により生活保護で高校等就学費の一部を生業扶助の技能習得費区分で支給できるようにした（高校等就学費費目と支給額は表2を参照）。なお、要保護世帯では、高校等就学費の外に、後述する奨学給付金の受給も可能になっている。

第二の問題は、生活保護「適正化」施策により生活保護受給の要件を有する多くの

費目	内容	支給額
基本額	学用品、通学用品等	月額5,200円
学級費	学級費、生徒会費等	月額1,750円
教材費	教科書、副読本、ワークブック、辞典等（全生徒が必ず購入することになっているもの）	実費支給
学習支援費	家庭内学習費用、クラブ活動	年額83,000円以内
入学考査料、入学料	都道府県条例に定める都道府県立高校の入学考査料、入学料　複数受験した場合、2校目の支給を認める。	実費支給
入学準備金	学生服、通学用鞄、靴、学校指定用品の購入	年額86,300円以内

表2　生活保護の高校等就学費の費目と支給額（2018年10月現在）

世帯・生徒が受給していないことである（捕捉率の低さ）。

本来、生活保護は、「無差別平等」（生活保護法第二条）を原則とし、要件を満たせば誰でも受給できる。しかし、一九八〇年代以降、社会保障費の節減施策が強められる中で、申請に際しては資産や収入等の詳細な書類・資料等の提出や福祉事務所による調査等に対する同意が求められ、「水際作戦」と呼ばれる保護申請時の窓口規制が強化されてきた。

こうした申請規制の下で、日本では保護を必要とする者の補足率（生活保護の受給資格がある者のうち実際に受給している者の割合）が欧米等に比して極めて低くなっているとも指摘されている。[3]

第三の問題は、生活保護で支給される扶助額が実態に見合わず低額であることである。

要保護世帯に対する扶助基準額は、標準世帯消費支出額の五割前後であるとも指摘されており、義務教育段階から子どもの通塾が一般化し、前述のように一般家庭でも教育費の高負担に苦慮している今日、要保護世帯は児童生徒に支給される教育支援経費以外に教育費を捻出する手立てはない。要保護世帯の児童生徒に支給される教育支援経費の費目・支給額の拡充とそれが他の生活費等に支出されないような工夫・手立てや家庭への扶助額の増額を求める声も大きい。

就学援助の仕組みと問題、改革課題

就学援助は、要保護世帯より困窮度が緩やかな世帯（準要保護世帯）を対象にした教育支援である。文部科学省―教育委員会の所管で、教育扶助と同様の費目に加えて教育扶助では対象になっていない修学旅行費などが支給される。

就学援助の事業主体・責任は各市町村であるため、その財源は市町村負担であり、受給認定基準や支給費目の範囲・金額、申請手続き等は各市町村が独自に決めている。ただし、教育扶助で対象になっていない要保護世帯に対する修学旅行費は国から半額補助されている（「就学困難な児童及び生徒に係る就学奨励についての国の援助に関する法律」）。就学援助受給の児童生徒数は、図1（八九ページ）の通りである（以下、統計データは文部科学省「就学援助実施状況等調査結果」平成二九年一二月に基づく）。

就学援助制度の問題として最初に指摘しなければならないことは、二〇〇五年に国による就学援助事業への補助金から準要保護が除外されて、準要保護への就学援助費が全額市町村の負担となったことである。ほとんどの市町村では、就学援助が義務教育の機会均等保障の要であるとの立場から、その事業の縮小が生じないよう運用されている。しかし、市町村間の財政力や就学援助事業の位置づけ方等によって就学援助受給基準や援助費目、支給額で格差が拡大する傾向にあることも指摘されている。

表1（九〇ページ）は、要保護世帯に対する費目単価と準要保護世帯への就学援助の費目単価を小中学校別に比較したものである。文部科学省によれば、市町村の八〇％以上が要保護の費目単価と同額以上の就学援助の費目単価を支出しているが、残り二〇％弱の市町村がそれ以下の単価となっており、平均すると要保護世帯の支給単価を下

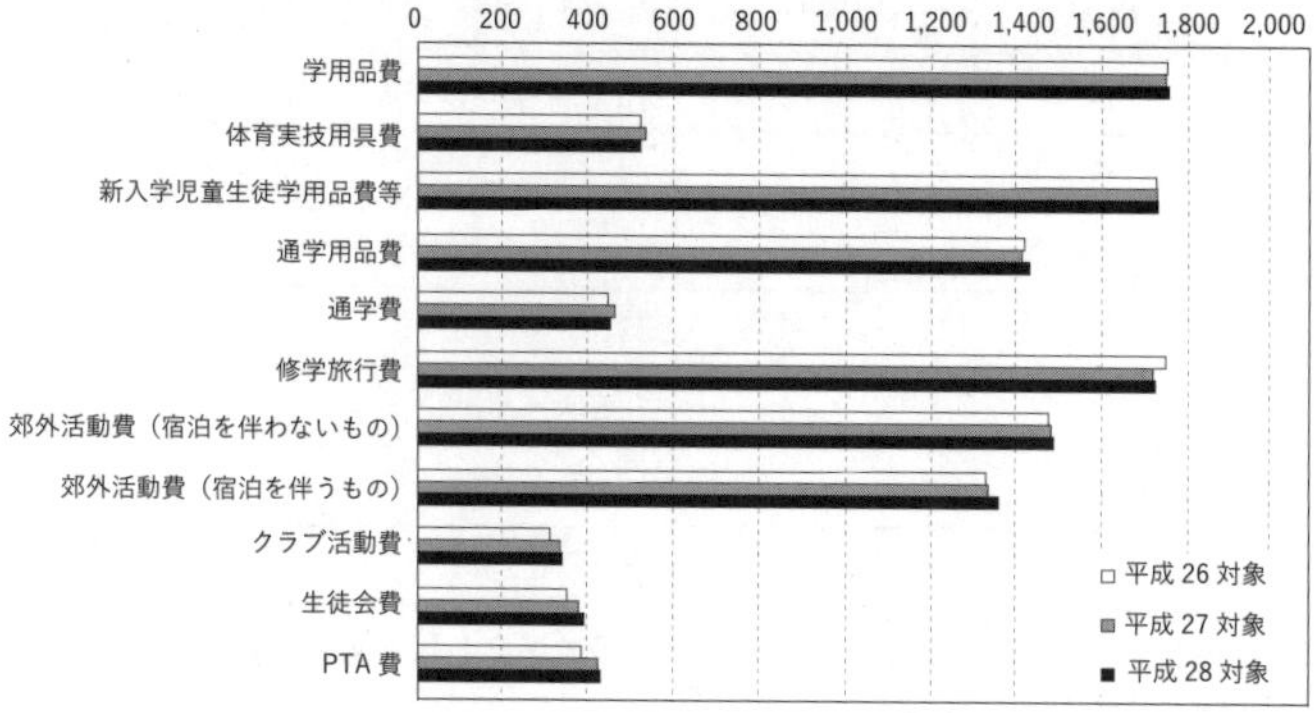

図2　就学援助費目の項目別設定市町村数

回っている費目も多くあることがわかる。

また、図2は、全国市町村における就学援助費目の設定状況をみたものである。ほとんどの市町村が学用品費、新入学児童生徒学用品費、修学旅行費を設定しているのに対して、体育実技用具費、クラブ活動費、生徒会費、PTA会費等を措置している割合が低いことがわかる。

就学援助受給基準においても、「生活保護基準額に一定の計数を掛けた」基準を採用している市町村一二八八自治体（全体の七二・九％）の内訳をみてみると表3のようになっている。全国平均が生活保護受給基準比率の一・三倍となっているが、下は一・一倍以下から上は一・五倍以上と大きな開きがある。

市町村自治体における基準の倍率	2016（平成28）年　市町村自治体数
～1.1倍以下	195（全体の11.0%）
～1.2倍以下	227（同　12.8%）
～1.3倍以下	653（同　37.0%）
～1.4倍以下	31(同　1.8%)
～1.5倍以下	166（同　9.4%）
1.5倍超	12（同　0.7%）
その他	4（同　0.2%）

表3　生活保護受給基準を就学援助の受給基準として採用する市町村の数と計数の分布

なお、受給率（小中学校合計）では、文部科学省調査（平成二九年度）によれば、高知県二五・五一%、福岡県二三・五三%、大阪府二三・六八%、山口県二三・九五%、鹿児島県二一・八一%、広島県二一・七四%、北海道二一・六四%、東京都二〇・五二%、沖縄県二〇・四三%等の順で高く、下位の静岡県六・八四%、富山県六・七六%と非常に大きな差がある。

義務教育の機会均等保障の要ともいえる就学援助が、市町村の財政力や事業の位置づけ方等によって大きな格差を生みだしている現状は問題であり、国の責任で整備・充実していくことを求める意見も強い。事実、市町村に対するアンケート調査結果（白川二〇一四：回答率五一・一%、八九〇市町村の回答）でも就学援助制度の見直しや

	準要保護の経費負担半額を国庫負担に戻すのが望ましい	準要保護の受給基準は都道府県で設定するのが望ましい	財政逼迫の中、就学援助の予算確保が難しくなっている	就学援助申請者数が増えると認定基準を厳しくし抑制する必要がある
そう思う	393（44.2.%）	195（21.9%）	200（22.5%）	47（5.3%）
ややそう思う	158（17.8%）	179（20.1%）	278（31.2%）	123（13.8%）
どちらともいえない	233（26.2%）	345（38.8%）	267（30%）	392（44%）
あまりそう思わない	13（1.5%）	67（7.5%）	49（5.5%）	159（17.9%）
そう思わない	15（1.7%）	30（3.4%）	21（2.4%）	94（10.6%）
無回答	78（8.8%）	74（8.3%）	75（8.4%）	75（8.4%）
合計	890（100%）	890（100%）	890（100%）	890（100%）

出典：白川（2014）

表4　就学援助制度の見直しに対する市町村の意向

改善を求める声が大きいことが伺える（表4）。

質問「財政逼迫の中、就学援助の予算を確保することが難しくなっているかどうか」に対しては、「そう思う」「ややそう思う」と回答した市町村が五三・七％となっている。半数以上の市町村が財政逼迫の中で就学援助の予算確保に苦労していると答えている。

次に、「準要保護の経費負担の半額を国庫負担金に戻すのが望ましいかどうか」という質問に対しては、「そう思う」「ややそう思う」と回答した自治体が六二％にのぼっており、二〇〇五年以前のように就学援助の財源の二分の一を国が負担することを希望している。

また、「就学援助の受給基準が市町村でバラバラになっている現状に対して都道府県単位で設定するのが望ましいかどうか」という質問に対しては、「そう思う」「ややそう思う」と回答した自治体が四二％、「どちらともいえない」が三八・八％となっており、意見が分かれている。本市町村アンケート調査の結果にも表れているように、就学援助制度の見直しや改善も今後の重要な検討課題である。

2　高校段階

未整備だった高校の教育支援

高校段階では、元々、義務教育と比べて経済困窮世帯に対する教育支援制度が未整備であった。これまでは、高校は義務教育ではないということから、国・自治体の教育支援の責任が問われないということも理由であったと思う。しかし、高校への進学率が九八・八％となり、事実上、準義務教育的な状況になるに至って、国・自治体の不作為は社会から厳しく問われることになった。その好例が前述の「学資保険訴訟」であり、その後、二〇〇五年度から、要保護世帯生徒に対する交付税措置の高校等就学費の支給が開始された。

しかし、高校等就学費は、要保護世帯生徒に限定された仕組みに過ぎず、義務教育段階の就学援助のような広範囲の経済困窮世帯層を対象とした一般的な教育支援制度は、高校段階ではなかった。高校段階で要保護世帯の高校等就学費の受給者はわずかに四万人弱余り（全高校生の約一％）であり、奨学金受給者も約一六万人（同四％）に留まっていた。全高校生約三百数十万人のうち、高校等就学費と奨学金を受給している生徒数は約二〇万人程度に過ぎなかった。

義務教育での要保護・準要保護の教育扶助・就学援助の受給者数（一五〇万人前後）と比率（一五％前後）を考えると、高校段階でも広範囲の経済困窮世帯を対象にした教育支援を必要としている生徒は義務教育と同程度の割合で存在しているはずである。

実際、二〇〇九年の無償化前には、高校で授業料減免を受けていた生徒数は、公立で約二二万五〇〇〇人、私立で約一七万人の計約四〇万人（全高校生の約一二％）であった。

民主党政権の高校授業料無償化

二〇〇九年に誕生した民主党政権は、「コンクリートから人、子どもへ」をスローガンに掲げ、政権最初の予算編成（二〇一一年度）で所得制限無しの高校授業料無償化を実現させた。政権交代が無ければこれだけの劇的な政策の実現は出来なかったと思われる。また、高校授業料無償化は、高校教育の機会均等を保障していく基盤的な施策の一つであったと評価できる。

しかし、高校教育には授業料以外にも多額の経費がかかり、それら経費の捻出に苦慮している世帯も多い。特に、これまで経済的事情で授業料を減免されてきた世帯（生活保護受給認定基準のおよそ一・五倍程度の所得）に対しては、民主党政権の授業料無償化は何の支援拡充をもたらさなかった。逆に、授業料として負担してきた経費を新たな学習費等に振り向けることができる比較的経済的に余裕のある家庭との間で、差がさらに拡大するという懸念も指摘され、経済困窮世帯への新たな教育支援策が待たれていた。

自民党政権での所得制限導入と就学支援金、奨学給付金の創設

二〇一二年一二月に政権に復帰した自民党政権は、所得制限無しの高校授業料無償

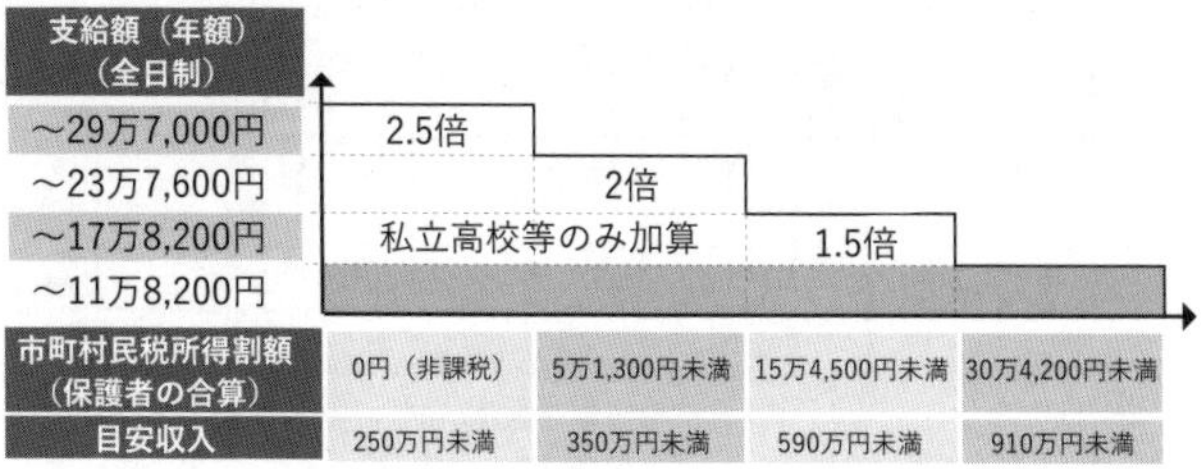

出典：文部科学省作成

図3　就学支援金支給の内訳（2019年度現在）

を見直し、所得制限（年収約九一〇万円以下）を導入し、それで捻出した財源を活用して私学の授業料軽減（就学支援金）と経済困窮家庭を対象にした奨学給付金を創設した。授業料無償化（授業料・月額九九〇〇円、年間一一万八八〇〇円のみ無償）の対象外世帯は全体の二二％が該当した。なお、昼間・通学制以外の高校については、公立定時制高校が月額二七〇〇円（年額三万二四〇〇円）、公立通信制高校は月額五二〇円（年額六二四〇円）、私立定時制・通信制高校が月額九九〇〇円（年額一一万八八〇〇円）の授業料が無償化措置された。

この制度は、無償対象世帯を年収九一〇万円未満としたうえで、国公立高校の授業料無償の外に、私立高校の生徒の授業料負担軽減を目的に、世帯年収別に支給額が異なる就学支援金と、年収二五〇万円未満程度の生活保護受給世帯に給付奨学金（給付型）を支給する

	国公立	私立
生活保護世帯	3万2000円	5万2600円
非課税世帯（第一子）	7万5800円	8万4000円
非課税世帯（第二子）	12万9700円	13万8000円

注１：年収250万円未満＝生活保護・住民税非課税世帯
注２：生活保護世帯で高校生がいる場合には、別に、
学習支援費（年額8万3000円以内）が支給

表5　奨学給付金内訳（年額）

制度としてスタートした（図3および表5）。そして、二〇二〇年四月から、就学支援金に関しては、年収別の加算を廃止して五九〇万円未満世帯すべてに年間四〇万円まで支給することになっている。

運用実態と残されている検討課題

二〇一四（平成二六）年度からの所得制限を導入した授業料無償と奨学給付金の実施に際して、国会は、付帯決議で、「本法施行後三年を経過した後、低所得世帯への支援の拡充の状況および公私間の教育費負担の格差是正の状況等を勘案しつつ、教育の機会均等を図る観点から、政策の効果を検証したうえで、必要な措置を講ずる」ことを要請していた。この付帯決議を受けて、文部科学省の委託事業として授業料無償、就学支援金（私立への授業料軽減支援）、奨学給付金の成果検証の作業が進められた（武

蔵野大学 二〇一八)。

その成果検証の作業からは、表6のようなことが明らかになったと指摘されている。

授業料無償化、私立高校の授業料負担軽減のための就学支援金、そして、奨学給付金のいずれも世帯の経済的負担の軽減に効果があったこと、中でも就学支援金は、経済的理由による長期欠席や中途退学の予防・減少に貢献しており、経済困窮世帯生徒の学校選択の幅を拡げることにも効果があったこと、また、奨学給付金に関しては、学校納付金の滞納や遅延が減り、修学旅行や学校行事等への参加率も高まったことなどの効果があったことが指摘されている。

反面、課題としては、所得制限による所得証明の書類提出とその確認の手続きが煩雑になり、高校側の事務量が増加し負担が大きいこと、また、制度や書類作成が難しく、制度の趣旨が保護者に伝わっていなかったり、煩雑な書類作成が難しく受給要件を満たしているにもかかわらず、書類申請をせず受給漏れとなっている世帯も相当数に上ることも推測されている。

その他にも、「年収基準の崖」という表現で、受給要件である年収基準を一円でも超えると就学支援金の加算や奨学給付金の対象外となるという仕組み上の問題点があ

○就学支援金の効果

- **家計負担の軽減**　：　国公私立とも90%が肯定的に評価
- **経済的理由による中退・長期欠席の予防・減少**　：　私立では60%以上が効果ありと評価
- **低所得世帯の生徒の学校選択幅が充実**　：　私立では71.7%、国公立では29.5%が効果ありと評価
  ⇨私学への加算支給の効果が大きい
- **志願者の増加**　：　私立で41.8%、国公立で5.2%が志願者増加に効果があったと評価

○奨学給付金の効果

- **納付金の未納や延滞が減少した**　：　私立で55.6%、国公立で66.3%が効果ありと評価
- **修学旅行や学校行事への参加率が上昇、新しい制服や通学靴、学用品を揃えられるようになったとの回答も3割程度の高校からあった**
- **代理受給**（学校への納付金を確実にするため家庭に代わって学校が奨学給付金を受給）
  私立　：全員に実施24.7%、納付金の滞納がある場合に限り実施9.8%、検討中7.9%、実施する予定無し46.4%
  国公立：全員に実施6.2%、納付金の滞納がある場合に限り実施33.7%、検討中13.7%、実施する予定無し34.4%
- **代理受給の効果**：
  納付金の滞納があった場合に限り実施
  ⇨効果あり43.8%、少しは効果あり38.7%
  納付金の滞納の有無に拘らず実施
  ⇨効果あり37.7%、少しは効果あり34.6%

○就学支援金・奨学給付金の事務手続き上の問題

- **申請書類が難解でその意義・内容が生徒や保護者に伝わっていないのではないか**
  保護者にとって制度が分かりにくい：私学56.6%、国公立74.9%
  保護者に必要な情報が届いていない：私立34.8%、国公立43.2%
- **高校の事務処理*負担が大きい**　⇨国公私立ともに90%以上がそう回答

*所得制限があるため、それを証明する公的書類の提出を保護者に求め、それらの書類の内容をチェックし確認、また、整えた書類の教育委員会への提出など

表6　就学支援金・奨学給付金の成果と評価

ること、そのため、基準ラインの前後でもう少しなだらかな支給が可能になるような工夫が必要ではないか（基準ラインをわずかに超えた場合には、支給額の1／2～1／3を支給する等）という指摘もある（末富二〇一八）。

また、私立高校生に対する就学支援金は、これまで批判の強かった教育バウチャーに類似する制度であり、公立と私立の生徒獲得競争をより激しくさせるのではないかという懸念、批判もある（教育バウチャーを私立学校への教育助成との関係で考察したものとして小川二〇〇一、等）。

高校授業料無償制度における所得制限の是非、そして、私立高校就学支援金や奨学給付金の効果や運用をめぐってはさまざまな論議があり、今後もその政策動向を注視していく必要がある。

3　高等教育段階

各国に共通する重い授業料負担

教育費の私費（家計）負担が一番重く圧しかかるのは高等教育である。かつては、授業料が無償あるいは低廉で大学生活を賄える給付型奨学金が一般的であったヨーロッパ等の状況を理想形として、高額の授業料と返還義務のある貸与型奨学金で特徴づけられる日本の高等教育費政策は批判の対象とされていた。

たしかに、イギリスやドイツ等では、かつては授業料の無償あるいは低廉化政策と給付を基本としつつ一部貸与を併用した奨学金の制度を採用してきた。そうした政策や制度が採られてきた背景には、大学が国家・社会に有用な少数のエリート・人材を選抜・養成する公共的機関として捉えられ、そうした大学の機能が公的教育費支出の正当性を担保してきた。

しかし、その後、そうした国々においても高等教育の大衆化＝進学率の著しい上昇（たとえば、イギリスでは一九九〇年の大学進学率が三二％であったが、二〇〇九年には六一％に急上昇している。ドイツも同様に、二〇数％から四〇％に上昇）があり、前述のような政策・制度を一部見直し授業料の値上げや貸与型奨学金の導入が図られてきている。

大学の大衆化をいち早く実現させたアメリカにおいては、①エリート・有産階層を対象にした高額授業料の一部有名私立大学、②低廉な授業料の州立大学、③低廉な授業料の職業教育中心のコミュニティカレッジ、と大学生のニーズと「懐具合」に応じた多様なタイプの大学が共存している。一般的な高等教育のニーズに対しては、学生数の約八割を吸収する低廉な授業料の州立大学（公立）やコミュニティカレッジの普及により大学教育の開放と機会均等を保障しており、学生も家庭に頼ることのないように給付、貸与、雇用（アルバイト）の援助プログラムを各学生や家庭の経済状況に応じて組み合わせ、自立的な学生生活を保障しようとする仕組みが整えられている。

ただ、ＥＵやアメリカでも、経済不況等を背景に大学卒業後に安定した職（収入）を得ることが難しい事態も生じており、大学時代の奨学金を返済できない者も増えていてその救済が課題にもなっている（小林 二〇〇八、二〇一三）。

一方、日本の授業料政策と奨学金制度は、アメリカに近い大衆化-市場型に近いと考えられるが、その私立と国公立の比率がまったく逆となっている（私立が学生の約八割を収容）。

すなわち、日本では、授業料の低い国公立大と高い私立大という二重構構造[4]の下に、主に私立大に大幅に依存する形で高等教育の大衆化を実現させてきており、奨学金も貸与型のみという先進諸外国には例を見ない制度であった。こうした日本の高等教育の構造が高等教育費に占める私費（家計）負担を著しく重くしてきた。

日本の奨学金制度

大学生を対象とした奨学金制度としては、自治体や企業、大学が独自に設けているものの他、国の奨学金制度としては日本学生支援機構の奨学金がある。表7のように、日本学生支援機構の奨学金には第一種と第二種があり、前者が無利子貸与であるのに対して、後者は資格要件が緩やかとなっているが利子付き貸与である。給付型奨学金は、二〇一八年度から創設されたものである(対象者は二万人)。

これらの奨学金では入学前に必要な入学金等を準備するのが難しいため、経済困窮世帯の大学入学の準備を支援する制度を活用する方法がある。経済困窮世帯に対する大学準備金を貸与する制度としては、生活福祉資金貸与制度や母子寡婦福祉資金貸与制度があり(厚生労働省所管で手続きは都道府県社会福祉協議会や福祉事務所で行う)、どちらも大学進学のための就学支度費を貸与している。こうした経済困窮世帯からの大学進学を支援する制度は、経済的理由で大学進学を断念せざるを得ないような子どもに対する支援制度としては重要であるが、高卒で就職したと仮定した場合に得られる「放棄所得」の重さや大学卒業後の返済等の経済負担を考えると大学進学を諦めざるをえない状況を十分に救済するものではない。

	給与型奨学金		貸与型（第一種）		貸与型（第二種）
利息	-		無利子		年利3%上限
家計基準	生活保護世帯、住民税非課税世帯、児童養護施設に入所、等		4人世帯の場合、前年度の家計収入の目安は747万円以下		4人世帯の場合、前年度の家計収入の目安は1100万円以下
学力基準	一定の学力要件を満たすこと		申込時までの高校などでの成績が五段階評価で平均3.5以上		学修意欲があり学業を確実に修了できる見込みがあると認められる、等
申込方法	予約採用のみ		予約採用と在学採用		予約採用と在学採用
	自宅	自宅外	自宅	自宅外	
貸与・給与の月額（国立）	2万円	3万円	最高 4.5万円	最高 5.1万円	2万～12万円まで1万円単位で選択
貸与・給与の月額（私立）	3万円	4万円	最高 5.4万円	最高 6.4万円	2万～12万円まで1万円単位で選択

注：貸与型奨学金は、基準の範囲内で月額は選択できる

表7　日本学生支援機構の奨学金

経済困窮世帯大学生への支援――授業料免除と世帯分離措置

高等教育段階の教育支援には、前述の奨学金の外に、経済困窮世帯の大学生を対象にした授業料減免制度がある。減免の対象人数は、二〇一八年度現在で学部・修士課程五万四〇〇〇人（全学生・院生比率一〇・八％）、博士課程六〇〇〇人（同一二・五％）となっており、四人世帯の場合は、全額免除の収入基準額が一七五万円、半額免除の収入基準額が三三四万円となっている（総収入から必要経費と控除額を引いた金額で全額免除の対象基準は総収入三七七万円程）。

これまで、要保護世帯の子どもが、大学等へ進学した場合には、前述の奨学金や授業料減免の外に大学等の進学・就学に要する入学金や生活費等に対する保護費の給付・扶助が無かったため、それら諸経費は、すべて家庭や子ども自身が賄わなければならなかった。加えて、要保護世帯から子どもが大学等に進学・就学する場合、「世帯内就学」が認められず「世帯分離措置」を行うことが条件づけられている。

仮に、「世帯分離措置」をしないまま、子どもが大学等に進学・就学することを想定した場合、子どもが生活や住宅等の各種扶助の給付対象になるが、子どもが奨学金やアルバイト等で得た収入は家庭の収入認定の対象とされ生活保護で措置される各種扶助の金額が大幅に減額されることになる。そうしたことを避けるために、大学進学の際には、「世帯分離措置」を条件とされている。

ただ、「世帯分離措置」をすると、子どもがその世帯から離れるため、子どもに対する生活保護の各種扶助が無くなる。そのため世帯への生活保護費は大幅に減額されていた。こうした「世帯分離措置」の仕組みも、要保護世帯からの大学等への進学を妨げていると指摘されてもいた。

近年の新しい政策動向

高等教育段階の重い家計負担を軽減する方策として、政府内で大学授業料無償化の議論が続けられていた。その議論の中では、「出世払い」案として、年収一一〇〇万円以下の家庭の大学生に対して、入学金と授業料相当額を大学に給付し、学生本人が就職後に一定の所得に達してから返済するというような案もあった。しかし、学生が将来返済不能になった場合の国の負担をどうするかといった疑問・批判もあり、大学生一般を対象とするのではなく、まずは経済困窮世帯の大学生への支援拡充を優先する施策が具体化されることになった。

二〇一七年一二月に政府は、「新しい経済政策パッケージ」を閣議決定し、「貧困の連鎖を断ち切り、格差の固定化を防ぐため、どんなに貧しい家庭に育っても、意欲さえあれば専修学校、大学に進学できる社会へと変革する。所得が低い家庭の子供たち、真に必要な子供たちに限って高等教育の無償化を実現する」と記載して、経済困窮世帯の大学生を対象にした高等教育無償化に取り組むことを謳った。具体的には、経済困窮世帯の大学生に対する授業料・入学金減免と給付型奨学金の拡充で二〇二〇年四月から実施される（表8を参照）。

○授業料や入学金の減免

・両親と子ども2人でうち1人が大学生の4人世帯の場合、年収270万円未満

・国立大学に進学した際には、入学金28.2万円、授業料53.6万円の全額を免除

・私立大学に進学した際には、全私立大学の平均授業料（年間87.8万円）から国立大の授業料を引いた差額の2分の1を上乗せした額＝現状では70.7万円を減額する。入学金は全私立大学の平均額（25.3万円）を上限に支援する。

○給付型奨学金

2018年度から導入している給付型奨学金をさらに充実し、従来の給付額に、「学業に専念するために必要な生活費」を賄えるよう対象費目を拡充する。教科書代等の就学費、サークル活動等の課外活動費、保健衛生費、通信や帰省等のその他の日常費、また、自宅外生には、自宅生を超える食費、住居・光熱費、等を加える。支給額は年間で、国公立の自宅生35万円、自宅外生80万円、私立の自宅生46万円、自宅外生91万円となっている。

○対象者の家計基準と「支援の崖」の緩和

生活保護・住民税非課税世帯に準じた経済状況の世帯にも支援

4人世帯で年収300万円未満の場合には、3分の2、年収300～380万円未満の場合、3分の1を減免、支給する。

○対象者の要件

2018年度に導入された際の対象者の要件は以下の通りであった。

【給付型奨学金推薦指針（高校が推薦する目安）】

1条　件：十分満足できる高い学習成績か教科以外の学校活動等で優れた成果、のいずれか。児童養護施設出身者は「進学後に優れた学習成績の見込み」として、実質的な条件を設けず

2選考方法：各校が推薦基準を公表、出欠状況や課題を克服した過程も考慮、進学意欲や人生設計をリポートや面接で確認、複数の教員で客観的に選好

3推薦枠：全国約5000校にまず1人分の枠を与え、残りを過去数年間の貸与型奨学金の利用者数に基づいて配分。児童養護施設出身者は枠に拘らず推薦できる

表8　授業料・入学金の減免と給付奨学金支給の要件

二〇二〇年度からの新制度では、高校の成績だけでなく、レポートや面接で進学の意欲や目的を評価し、所得要件に該当し意欲や目的を高校が確認できれば人数制限を設けず推薦できる。大学等への進学後は、年間習得単位が標準の六割以下、成績が所属学部の下位四分の一、年間出席率が八割以下の場合等には、大学から「警告」をし、「警告」が続いたり、退学・停学の処分等を受けると支給中止とするとしている。

また、生活保護世帯から子どもが大学進学した場合に採られる「世帯分離措置」に伴う世帯への生活保護支給額を減額することに対する疑問・批判にも配慮し、二〇一八年度から、①進学準備金を自宅生で一〇万円、自宅外学生に三〇万円を支給、②「世帯分離措置」に伴う生活保護支給額の減額幅を抑制する（二人子どもの母子世帯では月二七万円から二二万円程に減額幅を六万円程縮小）等の措置が図られた。

所得連動返還型無利子奨学金と猶予年限特例

経済困窮世帯だけでなく経済的に多少の余裕がある世帯でも、子どもの大学進学は家計に重い負担を強いる。そういう世帯にとって前述の日本学生支援機構の第一種・第二種の奨学金は心強い支援制度である。かつては、子どもの大学進学費用を親が丸抱えで賄っていたこともあり、日本学生支援機構の奨学金を利用する大学生の割合は低かったが（学部昼間部全学生に占める受給者率一九九二年二二・四％）、その後、経済不況等を背景にした家計所得の悪化や大学授業料の高騰等もあり、奨学金を利用する割合は、二〇一二年度の五二・五％をピークに二〇一四年度五一・三％、二〇一六年度四八・九％と高い割合で推移している（日本学生支援機構調査）。

しかし、他方で、奨学金を利用する学生が増加した分、その奨学金の返済が困難になり、延滞が大きな問題になり始めている。日本学生支援機構の調査でも、三ヵ月以上の返済滞納者は一七万三〇〇〇人、延滞額約八九八億円になっている（二〇一四年度末）。

日本学生支援機構が三ヵ月以上の返済滞納者を抽出して行った調査（「平成二八年度奨学金の返還者に関する属性調査結果」）によれば、延滞が始まった理由（きっかけ）は、「家計の収入が減った」が六九・二％（複数回答）でもっとも高く、次いで「家計の支出が増えた」四三・〇％、「入院、事故、災害等にあったため」一九・二％、等が続き、この理由（きっかけ）の順位は経年でも変化がない。そして、延滞が継続している理由については、「本人の低所得」と回答した者が六四・五％でもっとも高い（複数回答）。次いで「奨学金の延滞額の増加」四七・五％、「本人の借入金の返済」三〇・九％となっている。また、遅延者の七三・一％が年収三〇〇万円未満であった。

こうした奨学金の返済遅延が増加している背景には、前述したように、産業・就業構造の変化の中で雇用の流動化・不安定化が進み、若年労働者の非正規雇用が増大し、所得が悪化したことがあると考えられる。

日本学生支援機構も奨学金の返済遅延増加の背景にそうした雇用状況の悪化等があることも認識して、二〇一二（平成二四）年度から所得連動返還型無利子奨学金を導入した。

この制度は、奨学生の返還月額を本人の所得に応じて決める仕組みで、無理なく返済できることを目的に創設された（従来の一般的な返済は、借りた奨学金総額によって返還月額が決まる「定額返還方式」である）。対象者は、第一種奨学金（無利子）受給者で、返済方法は年収一四四万円未満の場合は、返済額が月額二〇〇〇円、それ以上の収入の場合は課税総所得金額に九％を乗じて一二で除した額を返済月額としている。

ただし、返済の総額は変わらないため、返済の月額が減る分、返済の期間はそれだけ長期化することになる。たとえば、月額五万四千円の第一種奨学金を四年間借りた場合（総額二五九万円）、一般的な返済方法では、返済月額一万四四〇〇円で返済期間が一五年と試算されるが、所得連動返還型無利子奨学金を同額で四年間借りた場合、年収三〇〇万円では返済月額八九〇〇円、返済期間二四年、年収四〇〇万円では一万三五〇〇円、一六年、年収五〇〇万円では一万八五〇〇円、一二年、等と試算される。

その後、この所得連動返還型無利子奨学金でも返済が困難な者がいることにも配慮して（無収入でも月額二千円の返済を求められる等）、二〇一七（平成二九）年度から猶予年限特例の制度が導入されている。猶予年限特例は、本人が卒業後に一定の収入を得るまでの間は、願い出により、特例として年限の制限なく返還期限猶予を受けることができるものである。

対象となる者は、家計支持者の所得金額（父母共働きの場合は父母の合算額）が、給与所得のみの世帯では年間収入金額（税込）が三〇〇万円以下、給与所得以外の世帯では年間収入金額（税込）から必要経費（控除分）を差し引いた金額が二〇〇万円以下となっている。猶予年限特例の対象者は、一定額の収入を得るまでの間は、一年ごとに日本学生支援機構に願い出て承認を得ることで年限の制限なく返還期限が猶予されることになる。

ただ、こうした奨学金の返済遅延者に対する特例的制度は、返済義務のある奨学金の債務総額それ自体を免除されるわけではないので、対象者の厳しい経済事情が長期間継続する場合には返済が先送りされるだけである。

欧米の一部の国では、所定の返済期間が過ぎても返済を完了できない者については奨学金の債務残高を免除する制度もある。日本でも、早晩、そうした奨学金債務の免除のあり方も検討されることになるかもしれない。

なお、所得連動返還型奨学金や猶予年限特例は、日本学生支援機構の第一種奨学金（無利子）に限定されており、第二種奨学金（有利子）は適用外となっている。第二種奨学金の場合、所得連動して返済期間が長期化するとその分利息もあることから債務額が増えることも想定されるため適用外とされてきた。政府は、第二種奨学金にも所得連動制を導入することも検討しているようでありその動向を注視しておきたい。

4　教育格差の是正は可能か

ペアレントクラシー

「子どもの貧困対策推進法」の制定以降、経済困窮世帯の子どもに対する教育支援制度は徐々に整備されてきているが、経済困窮世帯の子どもに対する教育支援は、経済的支援だけでは不十分である。

今日、教育における家庭や階層間の格差を論議する際、従来の業績主義（＝メリトクラシー）からペアレントクラシーに変質してきたといういい方をすることがある。業績主義とは、個々人の能力と努力で獲得された業績・成果に基づいて社会階層を上昇する能力主義を意味するが、ペアレントクラシーとは、親の富と親の子どもへの期待、教育投資の多寡が子どもの学力と進路、将来などを規定しているという意味である。

事実、今日の教育格差、学力格差には、個々の子どもの能力だけではなく、家庭の経済的格差、文化的格差、子どもへの期待度格差等、家庭のさまざまな格差が強く反映していることは否定できない事実である。

その意味では、今日の教育格差、学力格差を是正し改善していくためには、経済困窮世帯の子どもたちへの経済的な教育支援だけではなく、そうした家庭の文化的格差、子どもへの期待度格差等にも踏み込んだ政策が必要になっている。しかし、それは家庭や親の所得格差の緩和や雇用促進などの経済政策や、また、家庭、親の文化、価値観等の私的領域に介入する福祉政策にもかかわってくる（耳塚二〇一四）。

なかでも、今日の学力は、基本的知識・技能というい わば認知的能力の育成だけではなく、OECDのキーコンピテンシーのカテゴリー3に象徴されるように、自律的に行動する能力、すなわち、大きな展望のなかで行動でき、自分の人生設計や個人的プロジェクトを設計し実行する能力など、自己認識や意欲、忍耐力、自制心、リーダーシップ等の非認知的能力がより重要であるといわれてきている。

経済困窮世帯の子どもに対する教育支援は、その意味で、就学援助などの経済的支援に留まることなく、家庭教育では十分に期待できない学力育成とともに、そうした家庭の文化的格差などから生じる非認知的能力の育成までを視野に入れ、幼児教育段階からの厚い教育支援が必要になっているといえる。経済困窮世帯では、子どもの家庭学習をしっかり見守ったり、さまざまな文化活動に触れたり参加する環境が整っていないのが現実であり、学校における日々の授業のなかでの工夫とともに、そうした家庭学習の見守りや支援、さまざまな文化的活動への参加などを授業以外の場で、たとえば、放課後学習とか土曜学習や、夏休み等の長期休業期間に個別指導をベースにした補習・補講や活動として整えていくことも必要である。

近年、全国の多くの自治体では、経済困窮世帯で学習に遅れがちな児童生徒を対象に、地域と協力して、放課後補習学習や土曜学校、夏休みの学力アップ教室などに取り組むところも多くなっている。また、経済困窮世帯では、高校・大学受験に向けて予備校や塾に子どもを行かせる経済的余裕もないことから、経済困窮世帯の中学三年生や高校三年生を対象にした高校・大学受験指導に取り組む自治体やＮＰＯなども出てきている。国においても、学校や自治体、ＮＰＯが経済困窮世帯の子どもの学習支援に取り組みやすくなるような教育予算の措置や教職員・指導員の加配・配置等の施策をもっと強力に進めていくべきである。

社会的費用としての教育費

ここまで、日本では、子育て・教育費の私費負担が重く、家庭支出に大きく依存していることを見てきた。

財務省は、公教育費の対ＧＤＰ比率が低く家庭負担に大きく依存している理由について、日本がＯＥＣＤ諸国中もっとも児童生徒数が少ないことや日本の国民負担率が先進国中最低レベルであることを考えれば当然であると反論している（図４を参照）。そのうえで、日本では教育の私的負担が高いというが、「教育支出を税（公的負担）で賄うか授業料（私費負担）で賄うかの国民負担のあり方の選択の問題であり、私費負担の多寡だけを論じることは適切ではない」と主張している（財務省「教育予算をめぐる論議について」二〇〇八年）。

たしかに、図4からも明らかなように、日本の国民負担率は他の先進諸国に比べると低いことは事実であり、こうした国民負担率の低さが教育や福祉等への公的支出を抑制してきた一因であることは否定できない。

しかし、私費（＝家計負担）に大きく依存してきた日本の教育費負担の仕組みが少子化や教育の階層間格差（「貧困の再生産」）を生み出し、若者の再チャレンジの機会を狭めて教育のみならず社会全体を劣化させてきている現状を直視する時機にきているように思われる。子どもの教育を私費（＝家計負担）で個別的・競争的に取得する考え方から、子どもの教育を社会全体で担う思想とその制度構築を財政負担のあり方を含めて国民的論議のなかで取り組むことが求められてきている。

その際に留意すべきことは、福祉とともに教育の経費は家庭が賄い、その家庭の機能を安定的雇用、すなわち、会社が担保するという従来の日本型システムがそうした旧来の教育費負担構造を生み出した背景であったことを確認しておくことは重要であ

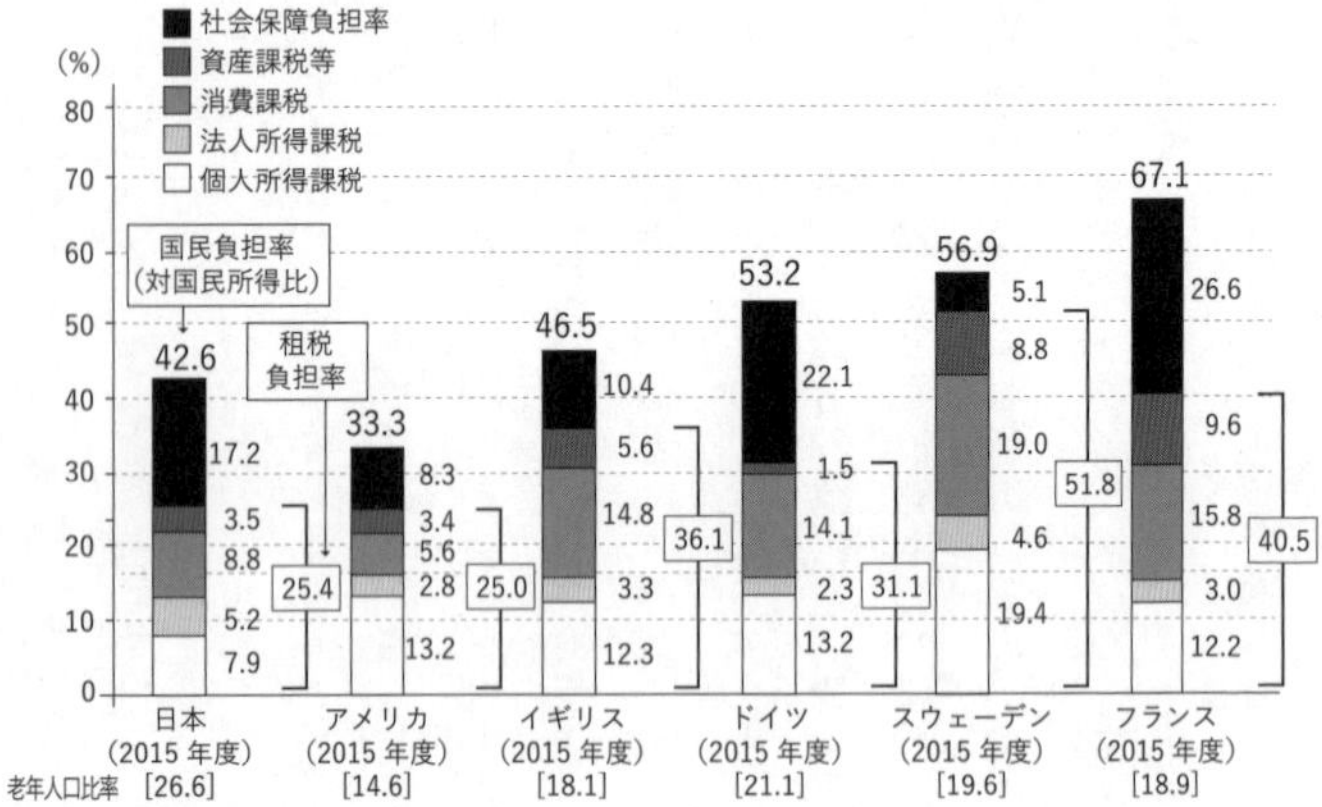

図4　主要各国の国民負担率比較

る。

日本的経営の特徴とされる年功人事・給与は、男性稼ぎ主の給与に妻子の扶養コストも含めた家族賃金（生活給）として支給され、また、子どもの成長に伴い扶養控除、特定扶養控除など子育て・教育費の負担を一部捻出する仕組みも工夫されてきた。そうした家族主義の規範の下で、保育・福祉と共に教育も抑制的な公的サービスに代わって、家庭（主婦）が奮闘し遣り繰りすることが期待された構造であった（宮本二〇〇九）。

そうした家庭の機能を担保するのが男性稼ぎ主の安定した雇用であった。宮本は、その点について、「日本では、もともと追いつき型の近代化のために、社会保障よりも経済成長に直結する雇用保障に力点が置かれてきた。そこでは、男性稼ぎ主の安定した雇用を実現し、その収入を家族に行き渡らせていく仕組みが形成された。このことに加えて、欧米に遅れて導入された二〇世紀型福祉国家にも、雇用と家族を前提とする構造があった。この二つの制度の相乗作用で、日本型生活保障は、男性稼ぎ主の雇用への依存と家族主義を、とくにはっきりと純粋に実現したケースとなった」（宮本 二〇〇九）と指摘している。広井も、同様に、「経済成長と一体のものとして『完全雇用』が実現していくから、『生産』に関わっている年代に関しては、特別な社会保障がなくても、経済システムそのものの中で自ずと生活の保障が図られるわけである」と述べ、終身雇用の会社と強固で安定した「（核）家族」という現役時代の生活保障を支える〝見えない社会保障〟の存在があったと指摘する（広井 二〇〇六）。これらの指摘は、そのまま教育費の負担構造の問題にも当てはまる。

しかし、近年、安定した雇用と家族を軸にしたそうした日本型「成功モデル」が崩壊しつつあり、新たな制度の構築が求められているのが今日の事態である。

第一に、雇用の不安定化——特に、若年層の非正規雇用や失業が増加、常態化し、従来、社会保障の対象とはされていなかった若年層の職業訓練や教育が新たな社会保障と教育の課題として浮上してきている点である。広井のいう「人生前半の社会保障」と「後期子ども期」の課題であり、三〇歳前後の「時期に対する社会的な対応は、狭義の『教育』だけで完結するものではなく、『雇用』や『社会保障』等と一体的に考えていく必要」（広井 二〇〇六）が新たに生じている。

第二は、雇用されている者においても、給与の削減や日本型人事・給与の見直し（生活給付の縮小、廃止）で、家庭が子育て・福祉、教育等の経費を賄えなくなっている点である。従来、それら経費は年功的給与体系に伴う生活給で一部補われてきたが、給与抑制と生活給の縮減・廃止でそうした生活保障機能が大きく後退してきている。そうした事態に対し、それらコストを新たに社会が負担していくシステムを考えていくことが避けられなくなっている（濱口 二〇〇九）。

これまで家庭と安定的雇用（会社）で支えられてきた生活保障機能の崩壊状況に対して、新たに個々の子ども・青年を対象にした教育・就労等の社会的なコスト負担と支援のあり方が検討されていかなくてはならない。

▼1＝学習支援費は、家庭学習のための参考書、問題集、辞書の他一般教養図書等の購入や課外のクラブ・部活動に必要な費用に充てる経費。

▼2＝数値は、厚生労働省社会・援護局保護課調べで二〇一五年四月一日現在。全世帯数は文部科学省「学校基本調査」（二〇一五年度）を基に算出（内閣府「平成二九年度子どもの貧困の状況および子どもの貧困対策の実施状況」より）。

▼3＝日本弁護士会は、日本の捕捉率を一五・三〜一八％であるのに対して、ドイツ六四・六％、フ

ランス九一・六％、イギリス四七〜九〇％、スウェーデン八二％と推計している（生活保護問題対策全国会議監修『生活保護「改革」ここが焦点だ！』あけび書房　二〇一一年）。

▼4＝国立大学と私立大学の授業料は、二〇一八年度現在、次のようになっている。一九七五（昭和五〇）年当時は、国立大と私立大の授業料格差は、平均五倍を超えていたが、その後、国立大の授業料も値上げされ続け、二〇一八年度現在では平均二倍強になっている。

〇国立大学の入学金・授業料：入学金二八・二万円、授業料五三・五八万円（初年度納付金計八一・七八万円）が国の基準である。各国立大学は、その国の基準から一二〇％の範囲で授業料額を決定できることになっており、二〇一九年度から東京工業大学と東京芸術大学が、それぞれ、六三・五四万円、六四・二九六万円に値上げする予定となっている。

〇私学の入学金・授業料（平均）

・文科系学部の学費　入学料二四万二五七九円、授業料七四万六一二三円、施設設備費一五万八一一八円、小計一一四万六八一九円

・理科系学部の学費　入学料二六万二四三六円、授業料一〇四万八七六三円、施設設備費一九万三四円、小計一五〇万一二三三円

・医歯系学部の学費　入学料一〇三万八一二八円、授業料二七三万七〇三七円、施設設備費八三万一七二二円、小計四六〇万六八八七円

・その他学部の学費　入学料二七万二三三円、授業料九五万一一一九円、施設設備費二三万七一九六円、小計一四五万八五四八円

第三部

学校の働き方改革

チームとしての学校

ＯＥＣＤが、二〇一八年七月二七日に日本の教育政策を分析した報告書を公表した（"Education Policy in Japan: Building Bridges Towards 2030"）。この報告書では、日本の教育に対して、「長年にわたる国際比較評価でも示されているように、日本の教育制度は高い成果を生み出しています」と高く評価し、その成功の理由を次のように述べている。

日本の教育制度の成功を語る上でひとつの極めて重要な特徴が、子どもたちに非常に包括的（全人的）な教育を効果的に行っているということです。即ち、教員が熟練した能力を持ち、総体的に生徒のケアをよくしていること、生徒が身を入れて協力的な姿勢で学習していること、保護者が教育を重視し、学校外の付加的学習（学習塾）に支出していること、そして、地域社会が教育を支援しているということです。この独特なモデルが、日本の教育制度の全側面を基盤として一体となって機能しているのです。

しかし、他方で、そうした子どもの包括的（全人的）な教育が学校と教員に多大な負担を強いてきたことにも触れ、「このシステムの代償として、教員に極度の長時間労働と高度な責任があり、それによって教員は研修を受け、新学習指導要領に適応することを困難にしています」と問題も指摘している。

そのうえで、今後の取り組みの課題として、「教員研修に投資し、教員が改訂された学習指導要領に合わせた指導方法に適応できるよう能力を強化する（特にアクティブ・ラーニング）」こと、「運営上の慣行を変更し、教員の業務負担を緩和してリーダーシップに投資する」こと等を提言している。

ＯＥＣＤの報告書も指摘するように、日本の学校と教員は、授業（教科学習指導）のみならず、部活動や学校の諸行事（遠足、修学旅行、学習発表会等）を通じた集団性、社会規範の育成等も期待され、登下校の見守りから休み時間の安全管理等の子どもの生活全般にわたって責任を引き受け、広範囲にわたる多様な教育活動を担ってきた。不登校やいじめ等の問題、また、学習障害の指導等の新しい課題に取り組む必要が生じるたびに、教員はそれらの問題や課題に対処するために研修や自己研鑽によって新たな知識・技能を学び、自らが「多能化」することで対応してきた。

しかし、そうした学校や教員の働き方は、学校が担う業務・責任と教員の職務内容を無制限に拡げることになり、長時間勤務や病気・過労死等の健康被害を深刻化させてきた。

日本の学校と教員のそうした働き方を見直そうという動きが二〇一〇年代半ば頃から始まっている。

その一つは、二部でも触れた「子どもの貧困対策推進法」と、それを受けて策定された「子どもの貧困対策大綱」で提起されたように、学校を子どもの貧困対策のプラットフォームと位置付け、福祉関係機関との連携・分担・協働を通して学校から子どもを福祉的支援につなげていこうとする動きである。

文部科学省は、そうした動きを受けて、学校の教育活動の多様化、複雑化、困難（深刻）化に対応しつつ教育指導の高度化に取り組むために、教員の広範囲におよぶ業務を見直しその一部を多様な専門・支援スタッフに移行させるという「チームとしての学校」構想の検討を進め、答申「チームとしての学校のあり方と今後の改善方策について」（二〇一五年一二月二一日、以下、答申「チームとしての学校」）をまとめた。「チームとしての学校」構想の中では、特に、貧困等を背景にした教育困難家庭や生徒指導上で課題のある子どもに対する指導・支援を充実させるため、先行して導入されているスクールカウンセラーに加えてスクールソーシャルワーカーを学校に配置し拡充していく提言も行われている。

日本の学校は、これまで教員が圧倒的多数を占める組織であり、学内外において他の専門・支援スタッフや福祉機関等と連携・分担・協働するノウハウやシステムを有してこなかった。今後、学校のプラットフォーム化にしても「チームとしての学校」構想にしても、それらに係る具体的施策とシステム作りが進められていくことになるが、その過程で教育と福祉の連携・分担・協働を図っていくためにさまざまな新しい課題が検討されていくことになる。

もう一つの動きは、教員の長時間勤務の是正を目的にした、学校における働き方改革である。その背景には少子高齢化と労働人口減少により生じている深刻な労働力不足問題に対処するために、政府が「一億総活躍社会を実現する改革」の一つとして推し進める働き方改革がある。

政府は、時間外労働の上限規制――罰則付きの強制力を付加した上限規制を設定する労働基準法改正や、労働時間の把握を「客観的で適切な方法で行わなければならない」とする労働安全衛生法施行規則の改正を含めた「働き方改革を推進するための関係法律の整備に関する法律」（以下、「働き方改革推進法」）を国会で可決・成立（二〇一八年六月二九日）させ、二〇一九年度四月から順次施行している。

政府の働き方改革の取り組みを受けて、文部科学省は、中教審で学校・教員の働き方改革の審議を進め、答申「新しい時代の教育に向けた持続可能な学校指導・運営体制の構築のための学校における働き方改革に関する総合的な施策について」（以下、答申「学校の働き方改革に関する総合的方策」二〇一九年一月二五日）を公表した。

答申で取り上げられた主な課題は、①業務・責任が無制限に拡大した学校の下で職務内容が不明確なまま、さまざまな業務を広範囲に担ってきた教員の業務を見直し、軽減するために、学校・教員が担う業務の明確化・適正化を進めること、②教員の時間外勤務を削減・抑制するための勤務時間管理と勤務体制を構築すること、③業務負担を軽減し時間外勤務を削減するための学校の組織運営体制の構築と勤務環境を整備すること、等である。

戦後の中教審の長い歴史の中でも、この答申は、初めて、教員の長時間勤務問題を中心に学校、教員の働き方をテーマにまとめられたものである。これまである種タブーにされてきたこのテーマに一歩踏み込んだという意味で、画期的な答申であると評価できるが、その分、日本の学校の長い伝統・慣習の下で今日まで継続されてきた教員の働き方を大きく見直すことはそう容易いことではない。

三部では、従来の学校のあり方と教員の働き方を見直す目的で進められている政策と取り組みについて、第六章で「チームとしての学校」の構築[1]、第七章では働き方改革に焦点を当て、それら政策の背景と取り組みのうえでの留意点、課題等を考えて行く。

1 「個」よりも「集団」のための学校教育

教育と福祉 ―― 乳幼児期と学齢児期の断絶

学校には、家庭の経済困窮等のさまざまな背景を背負った多様な子どもが生活し学んでいることから、学校教育においては格差問題とそれに関わる教育指導は避けて通ることのできない課題として存在している。しかし、日本の学校には、そうした格差やハンディを背負った子どもに対する福祉的視点が欠落していること、すなわち、教育と福祉との接点がないと指摘されてきた。

たとえば、山野（二〇一五）は、「乳幼児では全数把握の機関として保健所・保健センターが位置づいており、法定健診、そして子どもの発達の問題だけではなく親の育児不安などのピックアップを行っている。未受診の家庭には訪問し、キャッチするような仕組みがあり、予防から発見、ケアまでの流れが存在する。さらに、発見後、複数のメンバーや複数の機関における検討する仕組みも存在する」が、「学齢児においては、予防や発見、複数のメンバーや機関による定例で検討する場がない。それまで丁寧な検討がなされ、直接的のみならず間接的にもフォローされていた子どもや家庭は見えなくなっていく。関係者が知り得るのは、次に問題行動として表面化したときとなる」と述べている。子どもや家庭の子育てをフォローする仕組みという点で、乳幼児期と学齢児期の間に大きな断絶があるという指摘である。

たしかに、山野が指摘するように、日本の学校には、経済困窮など福祉の対象となる問題を抱えた家庭・子どもを支援し救済する仕組みは、経済的な教育支援制度（教育扶助、就学援助等）以外に特に整備されてこなかったといえる。

戦後日本の学校制度においては、そうした経済困窮など福祉の対象となる問題を抱えた家庭・子どもの格差問題やそれに関わる教育指導は、個々の家庭・子どもの格差の問題として扱われてこなかった。教育の格差は、まずは、地域間格差（その派生としての学校間格差）の問題として扱われ、学校内においては学級の集団的教育活動に包摂・解消され教育指導の実践的課題として取り組まれてきた経緯がある。その意味では、家庭・子どもの個々の格差は学校教育では見えにくいシステムであったといえる。

以下、そのことを少し詳しく見ていくことにする。

最優先された地域間格差の是正

敗戦後の学校制度の民主化と整備（新制中学校の誕生と六・三制義務教育制度の確立等）、そして、その後の第一次（一九四七〜一九四九年）・第二次（一九七一〜一九七四年）ベビーブームによる児童生徒数の急増、また、経済成長に伴う高校進学率の上昇は、地方の教育需要を爆発的に拡大させた。地方における学校の整備・拡充に対して、国は学校教育の地域間格差を是正すること（ナショナルミニマムの確保）を最優先課題として取り組んだ。敗戦後の復興期における教育の地域間格差の実態や当時の政策論議等については紙幅の関係で省略するが（小川 一九九一、苅谷 二〇〇九等）、敗戦から一九六〇年代まで、国は、学校教育の地域間格差（その派生としての学校間格差）を是正し、全国どこでも義務教育の最低保障のシステムを構築し、義務教育の底上げや地域間格差の縮小を図ることを最重要課題として取り組んできた。苅谷（二〇〇九）は、そうした戦後日本の学校教育における平等施策の特徴を「面の平等」と称し、児童生徒間の「個の平等」施策に優先して進められてきたと指摘している。

具体的には、義務教育費国庫負担制度（一九五二年）を確立し、義務教育学校教職員の給与を国と都道府県で二分の一ずつ負担し合うことで、義務教育学校教職員の質量にわたる安定的な確保を図った（二〇〇六年度より国三分の一、都道府県三分の二に変更された）。その後、「義務標準法」（一九五八年）の制定によって児童生徒の学校生活と教育指導の基底的条件である一学級当たりの児童生徒数を国が標準として設定し、学級数に応じて学校に何名の教職員を配置するのかを法定して全国のどのような地域、学校でも教育条件の最低水準を維持できる仕組みを構築した（小川 一九九一。その後の学級編制標準の改善で当初の六〇人学級から近年の複数学年での三五人学級が実現している）。

集団性を重視した学級ベースの教育活動

地域間格差の是正を最優先課題としたという事情とともに、日本の学校の教育活動を強く規定したもう一つの要因は、日本の学校が、学習（教科）指導の外に、集団の生活・活動（学級活動・行事、生徒指導やクラブ・部活動等）を通じた集団性や社会規範の育成も期待されてきたことである。そうした教育活動を通じた集団性や社会規範の育成は、学校生活と教育指導の日常的基盤である学級の活動に依拠したことから、学級は学習集団であると同時に、学校行事、生徒指導、学校経営の基礎的集団として考えられた。そのため、学級は、相対的に大きな規模で編制され、また、学校教職員の数・配置や学校予算等も、教育活動の単位である学級数を基礎算定基準にして配当されることになった。

以上のように、地域間格差の是正を最優先する政策と学級をベースにした集団的教育活動を特徴とした学校の教育活動は、児童生徒間のさまざまな格差とそれを反映したハンディを背負った児童生徒に配慮した教育指導を欠くものとなった。

その結果、さまざまなハンディを背負う児童生徒も学級内の他の児童生徒と同じ「個」として「平等」に扱われ、個別のニーズに配慮することはその子どもを「特別扱い」（えこひいき）することになり、学級集団づくりを損なうものとして教員に忌避されてきた。[2] 学級の集団的な教育指導でそのハンディを克服するという教員の教育的技量が重視された。それが、日本では教員に学級経営（学級づくり）の指導力を特に強く求めてきた理由でもあった。

経済困窮世帯の児童生徒に対しては、第五章でも見てきたような教育扶助や就学援助等の経済的教育支援が制度化され、学校への教職員配置でも、要保護／準要保護の児童生徒数に応じて事務職員加配や生徒指導困難校として生徒指導加配が行われてきていた。しかし、さまざまなハンディを背負った児童生徒個々の教育的配慮を必要に応じて「厚く」するような教育指導に対する教職員配置や財政的配慮・支援の仕組みは長い間存在してこなかった。

教員の「多能化」

前述のように、長い間、日本の学校においては、格差の問題は、まずは、地域間格差（その派生としての学校間格差）として認識され、児童生徒の「個」の問題として捉える視点が弱かった。そうしたことも反映して、学校の教職員構成でも、児童生徒の「個」

の問題に対応して、そうした「個」の問題を担う職員――専門・支援スタッフを配置するという発想もなかった。日本の学校は、家庭や地域社会で個々の児童生徒が背負っているさまざまな「個別」的問題に対応することではなく、それら問題を包摂して「学級」の集団的教育活動で取り組むことを目指した（取り組むことを求められた）。

また、学級に包摂できない児童生徒の「個別」的問題は、長い間、学校教育の埒外の課題として措置されてきた。養護学校の義務化が一九七九年まで遅れたのもそうした理由の一つとしてあげることができる。

これまで日本の学校は、教員という単一（モノカルチャー）的な組織で運営されてきたというのもそうした背景の中で捉える必要がある。

日本の教員は、子どもの生活全般に係る教育活動を担うことで（職務範囲の無限定性）、世界でもっとも長時間の勤務を強いられてきたとともに、教員は、学習（教科）指導の専門家というより職務範囲の無限定性を反映してオールラウンドな職務能力を身に付けることも強いられてきた。学校の組織は圧倒的に教員だけで占められ、学校教育をめぐる変化や課題に対して新たに要請される業務とそれに必要な能力は、ＯＪＴや研修、自己研鑽で身に付け教員自らが「多能化」することで対応してきた。[3]

ただ、これまで、そうした日本の学校の組織——圧倒的な多数派の教員が主導する組織でも、多くの成果を挙げて来られたのも事実である。

特に、義務教育段階では、学力と社会規範の育成という双方をしっかり児童生徒に身に付けさせてきたことは海外からも高い評価を受けて来た（恒吉二〇〇八）。しかし、日本の学校のそうしたパフォーマンスの高さは、世界で一番勤務時間が長いといわれるように、教員の頑張りや「犠牲」に支えられたものであるし、また、児童生徒の同質性が高かったという教育のしやすさといった理由もあったと考えられる。

2 「個」に対応する「チームとしての学校」

「チームとしての学校」構想の背景

一九九〇年代以降の日本社会の変容を背景に、文部科学省の政策においても変化の兆しが見え始める。それは、学校現場や家庭・地域社会が変容するなかで、学校現場において集団的指導だけでは対処できない児童生徒の「個別」的課題が顕在化し、それに対応せざるをえない状況が出てきたことによる。

従来も生徒指導上の困難校に対する生徒指導加配や、要・準要保護の児童生徒数が一〇〇名以上または二五％以上在籍する学校に加配事務職員を配置（就学援助事務の増大に対する配慮）するなどの措置があったが、学習指導面での教職員配置、加配措置は十分とはいえなかった。

しかし、二〇〇八年度から文部科学省の国庫補助事業でスクールソーシャルワーカー活用事業がスタートし、二〇一二年度の定数改善では、初めて、学習支援が真に必要な児童生徒に対する支援の充実を目的として、①中学における経済困難を抱える生徒など学習支援が必要な生徒への対応（少人数指導、補充学習、つまづき解消）、②発達障害、③日本語必要な外国人児童生徒に対する日本語教育、④被災地支援、に加配教員の措置が図られた。

その定数改善の下地をつくった学級規模および教職員配置の適正化に関する検討会議報告「少人数学級の推進など計画的な教職員定数の改善について」（二〇一二年九月六日）では、「家庭の経済状況の格差が学力に影響しているとの指摘がある中、世代を超えた格差の再生産・固定化を招かないよう」、家庭環境等の要因により学力定着等に困難があり、その改善のため補充学習、少人数指導等の加配措置が必要であると記載された。

教員以外の他の専門・支援スタッフの配置とその拡充が本格的に検討されるのは、中教審で「チームとしての学校」構想が検討されてからであった。二〇一四年九月に、文部科学省・中教審に「チームとしての学校・教職員の在り方に関する作業部会」が設置され、学校教育をめぐる環境の変化や新しい諸課題に対応するために、これからの学校の組織・運営、そして、教職員の仕事のあり方等が検討され、答申「チームとしての学校」(二〇一五年一二月二一日)がまとめられた。この時期に「チームとしての学校」構想が検討されてきた背景には、以下のような近年の学校教育をめぐる環境、条件の変容と課題があった。

第一に、児童生徒の同質性が弱くなり、多様な家庭的背景や能力・意欲等を有する児童生徒が在籍するようになり、学校の教育活動が多様化、複雑化、困難(深刻)化してきたことである。社会経済的格差とそれを反映した学力格差の拡大、外国籍の子どもの増加、インクルーシブ教育、特別支援教育、生徒指導上のさまざまな問題も社会的な問題を反映して深刻度を増してきているため、これまでのように教員だけで「多能化」してそれに対応しようとしても難しい状況になっている。心理や福祉、医療、法律等、その分野の専門・支援スタッフの力――多職種の専門的知見・技能を活用するなかで、問題への効果的、効率的な対応と学校の課題解決力の向上を図って行く必要性が高まってきたことである。

第二は、二〇二〇年度から開始される新教育課程が目指している授業や学習指導の改革のために、教員が授業等の本来業務に専念できる体制づくりを図り、教材研究や授業、学習指導等の「専門性」をより高めていく必要があるからである。OECDのTALIS調査（国際教員指導環境調査、二〇一三年）でも、日本の教員の研究・研修ニーズは非常に高いが、勤務が忙しく長時間であるために、実際に研修・研究に費やす時間がとれていない実態が明らかになっている。

新たな専門・支援スタッフの配置

チームとして教員と他の専門・支援スタッフとの連携・分担・協働を図っていく際、両者の役割、業務をどう整理していくかが重要な課題となる。その点について、答申「チームとしての学校」では、業務見直しの観点を、（a）教員が行うことが期待されている本来的な業務、（b）教員に加え、専門スタッフが連携・分担することで、よ

	業務見直しの観点	配置する専門・支援スタッフ
a	学習指導、生徒指導進路指導、学校行事、授業準備、教材研究、学年・学級経営、校務分掌や校内委員会等に係る事務、教務事務（学習評価等）	教員定数の充実に加えて、指導教諭、養護教諭、栄養教諭の配置拡充
b	カウンセリング、部活動指導、外国語指導、教員以外の知見を入れることで学びが豊かになる教育（キャリア教育、体験活動など）、地域との連携推進、保護者対応	スクールカウンセラー、スクールソーシャルワーカー、部活動指導員、ALT、看護師、特別支援教育支援員、など
c	事務業務、学校図書館業務、ICT活用支援業務	事務補佐職員、学校司書、ICT支援員、など
d	指導補助業務	サポートスタッフ

表1　答申が提案している業務の分類（例）

り効果を上げることができる業務、（c）教員以外の職員が連携・分担することが効果的な業務、（d）多様な経験を有する地域人材等が担う業務、と示して、（b）から（d）の業務についてそれを担う専門スタッフや人材等を計画的に配置していくとしている。

このように業務を分類したうえで、それぞれの業務を効果的、効率的に遂行するために、業務ごとに必要となる専門・支援スタッフを配置するとしている（表1参照）。

それら職員のなかでも注目したい点は、スクールカウンセラーとスクールソーシャルワーカーについては、将来的に学校教育法等において正規の職員として規定するとともに、義務標準法で教職員定数として算定し国庫負担の対象とすることを検討するとしていることである。これら専門スタッフが義務標準法と国庫負担制度に新たに措置されることは、日本の学校史上画期的であり学校組織の大転換につながっていくと考える。なお、他の専門・支援スタッフの配置促進は、国の補助事業の拡充で行うことになるが、その分、自治体の裁量と選択が活かせる反面、自治体の意欲や財政事情等で格差も生じることが懸念され、国の施策と教育委員会の責任は重大となる。

3　「チームとしての学校」への批判

さらなる多忙化の懸念

答申「チームとしての学校」に対して、教育関係者や研究者等からは、批判・懸念が出されてきた（児美川二〇一五、浜田二〇一六、等）。

第一の批判・懸念は、今でも学校・教員は忙しいし、二〇二〇年度から実施される新教育課程の取り組みで学校・教員の多忙化に拍車がかかることが想定されるなかで、さらに、「チームとしての学校」への対応で専門・支援スタッフや学外との連携・分担・協働によって学校・教員を一層多忙化の渦に投げ込むことになるのではないかという批判である。同様に、「チームとしての学校」構想は、家庭や地域、社会教育等との役割分担の見直しによって、今日の学校教育が直面する難局を乗り切ろうとする発想がないという指摘もある。

たしかに、家庭、地域、社会教育等との役割分担をもっと進め、学校の抱え込み過ぎの状態を改善していくべきであるという指摘は正論である。実際、学校週五日制は学校教育の一部を家庭、地域、社会教育等に移行させようとする試みでもあったし、部活動を地域スポーツや社会教育分野に移管しようとする取り組みも行われてきた。

しかし、さまざまな取り組みの努力にもかかわらず、それらの成果は未だ十分といえず、学校の抱え込み過ぎの状態を改善できるまでに至っていない。家庭や地域、社会教育等への支援策や仕組みづくりが同時に進められていく必要があると考えているが、ただ、そうした支援策や仕組みづくりの進展を待っていられないことも事実である。学校をめぐる新たな状況に対応する次善の方策の一つとして「チームとしての学校」の取り組みがある。「チームとしての学校」構想は、決して、家庭、地域、社会教育等との役割分担の論議とその可能性を封印した方策ではないということだけは確認しておきたい。

また、「チームとしての学校」の導入で、逆に、学校現場は多忙化するのではないかという危惧であるが、たとえば、前述の教員の業務見直しの（c）業務については、他の専門・支援スタッフに移行させることを提案している。学校納入金等の集金、家庭通信やドリルなどの印刷のような事務的業務、学校図書館業務、学校のホームページや校内ネットワーク構築や点検・修繕等のＩＣＴ業務等の多くを専門・支援スタッフに担ってもらうだけでも教員の物理的・精神的負担は大幅に軽減されていくと考えられる。

課題として検討される必要があるのは、（b）の他の専門・支援スタッフと連携・分担・協働する業務である。たしかに、最初は、新しい連携・分担・協働の仕組みをつくるために、一時期負担が増えたりすることもあるかと思う。しかし、たとえば、部活動の専門技術的指導や対外活動時の引率を部活動指導員に担ってもらったり、また、生徒指導上の難しい問題対応をスクールカウンセラーやスクールソーシャルワーカーの専門性を発揮して対処してもらうことで、リスク軽減や早期解決が図られ、最終的には教員の物理的・精神的な負担軽減につなげていける可能性の方が大きいように思われる。

学校の組織・運営上の懸念

第二の批判・懸念は、これまでの日本の学校は組織的な運営が極めて弱かったという特徴があるなかで、教員以外の専門・支援スタッフの配置・拡充が学校の管理運営に新たな問題を生じさせないか（専門・支援スタッフの孤立や専門・支援スタッフへの問題の丸投げ等）という点である。

日本の学校は、これまでまったく組織的な管理経営が行われてこなかったというわけではない。しかし、従来、学校の組織・運営は、日本的な学校組織論の特徴として鍋ぶた型学校組織とその理論的支柱であったルース・カップリング理論の影響を強く受けてきたことは否めない事実である。

ルース・カップリングの学校組織論とは、①学校の教育活動の目標は一義的に定義することが難しいこと――個々の教員の属性や学校が置かれる環境等により教育活動の目標は複雑で非定型的にならざるをえない、②学校は状況依存的であり、また、教育科学・技術の水準等の理由もあって、どのような教育活動がいかなる効果を生み出すかといったことを事前に知りえないなど、学校の教育活動は、教育目標の多義性、技術の不確実性、成果の予測と評価の困難性等といった特徴を伴って進められざるを得ない、③学校は、目的と手段、過程と結果、教師と教材、教師と教師、教師と児童生徒等の諸要素が「緩やかに結合」(ルース・カップリング)されている組織であることから、教員の専門的裁量を保障し、それに基づく個々の教員の教育活動を尊重してさまざまな不確実で不測性のある諸課題に対応していくことが望ましいと主張するものである。

しかし、この理論は、実際は、学校の組織としての統合性を弱め個別拡散的な教育活動を常態化させてきたとする批判も強まり、近年では、校長のリーダーシップと情報等の教職員間の双方向的な共有、組織文化としての同僚性等を重視する協働化による学校組織マネジメントが模索されてきている(佐古二〇〇七、小川・勝野二〇一二)。

こうした学校組織マネジメントの考え方は、今後、さまざまな専門・支援スタッフが学校に入ってくるという新しい状況のなかでさらに重要となる。個々の教職員や専門・支援スタッフの個人プレーでもなく、逆に、ボトムアップの情報収集と共有・合意を欠いた校長等管理職からの上意下達の垂直的命令でもなく、さまざまな職、スタッフが同僚として情報を集約し共有しつつ、相互に連携・分担・協働して同じ教育目標に向かって一体的に取り組むという組織マネジメントをどうつくり出していくかが「チームとしての学校」の学校経営実践上の課題でもある。

答申では、「チームとしての学校」像を、「校長のリーダーシップの下、カリキュラム、日々の教育活動、学校の資源が一体的にマネジメントされ、教職員や学校内の多様な人材が、それぞれの専門性を生かして能力を発揮し、子供たちに必要な資質・能力を確実に身に付けさせることができる学校」と述べている。そうした「チームとしての学校」の経営実践のキーポイントの一つが、情報の集約と共有、決定権限の分散と集中の要になっている校長および教頭・副校長に対する補佐体制の構築（ミドル・リーダーの役割を重視した学校運営チーム）であると考える。

4　「チームとしての学校」構築の課題

先行研究からの示唆――連携・分担・協働の阻害・抑制と促進の要因

スクールカウンセラーやスクールソーシャルワーカー等の学校派遣・配置は、これまで国の補助事業や自治体独自施策として一定程度進んできている。しかし、教員と他専門スタッフの連携・分担・協働が容易ではないこともあり、それを阻害・抑制している要因を探りつつ、それを促す条件整備や学校づくりのあり方を模索する研究調査もこれまで数多く行われてきている（荊木・淵上 二〇一二、他）。

先行調査研究からは、連携・分担・協働の阻害・抑制要因として、以下の諸点が共通に指摘されてきた。

① 学校の組織的構造：教員の単一文化、学級担任制に伴う閉じられた学級経営、学級・学年・教科等の個人・小グループをベースにした緩やかな組織（ルースカップリング）、等

② 教員の意識・責任の持ち方：教「師」のプライド、担任・教員の「我が児童・生徒」、「我が学級」意識と責任感、忙しさ等による他教員への配慮、等

③ 教員と他専門スタッフ間の地位・身分・勤務形態・権限等の「非対称性」：非正規職員として週一回から数回の訪問等の限られた勤務体制の中で、他専門スタッフが学校組織全体への関与を期待されず、その専門性や存在感を周囲に示すことが難しい、など

関川の調査研究（二〇一五）は、教員が他の教員や専門スタッフとの連携・分担・協働を促進したり、逆に、抑制したりする要因を、学校の組織・体制という環境的側面と教員の心理的側面という両面から明らかにするために、参与観察と質問紙調査を試みた興味深い研究である。ここでは、その参与観察から得られた知見の一部を紹介する。

関川は、教員がある悩みを抱えた場合に取る行動パターンを、①抱え込む、②現状維持、③助けを求める（連携・協働の始動）と整理し、①・②から③への行動を促進、あるいは、抑制する要因を参与観察から析出しようとした。

促進要因は、「情報発信」（日頃から生徒の様子や自分の状態を周囲に発信している）、「相談しやすい雰囲気」（日頃の雑談を大切にして相談しても大丈夫と思える関係づくり）、「つなぐ役割」（発信された情報を受け取り必要な人的資源相互の思いや考え、あるいは関係を適切につなぐ）であり、逆に抑制要因は「プライド」、「他の教員への配慮」、「立場による制限」であるとしている。促進要因は、学校の組織や体制づくりといった環境的要因であり、抑制要因とされるものは、個々の教員の心理的要因に属すると整理したうえで、次のように結論づけている。

各教員の心理的要素の大きい抑制要因は、その教員の経験や職責、あるいは校種や地域など、さまざまな状況によっても異なるものだと考える。教員個々の人柄にも影響を与え、自身の精神的強さや教員間の良好な関係を保ったりもするだろう抑制要因を減らそうとすることよりも、状況として捉えやすく個々に意識しやすい促進要因を強めようとしていくことのほうが、連携・協働を進めるうえで重要となるのではなかろうか。環境的要因である促進要因を強めていけるよう、教員同士が普段から互いに意識し、関係づくりに努めていくことが連携・協働の風土が根付く学校体制づくりに求められるといえよう。

連携・協働を促す組織づくり

連携・協働の促進要因として、学校の環境づくり――「同僚性」の意識形成と組織づくりが重要であるとする指摘は、他の調査研究でも指摘されてきたことである。
日本の教員は日常的に取り組まれている授業研究等に象徴されるように、欧米の教員と比較して集団主義的な「同僚性」を有していると評価されてきたが（それは他方で「同調圧力」を生むというマイナス面もあったが）、徐々に個業化（教員が一人で業務を抱え込み、自己完結的に教育活動を行う傾向）と私事化の浸透でその「同僚性」の揺らぎが進行してきていると多くの論者が指摘してきた。

しかし、紅林（二〇〇七）は、その揺らぎは、必ずしも否定的に捉えられるものではないと主張する。そうした揺らぎの中に、「同調圧力」の原因でもあった古い閉じられた集団主義的な「同僚性」から、自分の抱える課題解決にむけて自らの判断で選択的に協力関係を取り結ぶことができる新たな「同僚性」への転換可能性を見ていた。しかし、その新たな「同僚性」の形成はあくまで可能性であって、学校経営が取り組んでいくべき課題であり、また、教員間の「同僚性」の形成が必ずしも他専門スタッフとの連携・分担・協働を自然に生み出すものでもない。

その点で、学校における教員間の関係や組織特性が、他専門スタッフとの連携・協働の取り組みを含めて教育活動にどのような影響を及ぼすかを問うた秋光・岡田（二〇一〇）の調査研究は興味深い。

秋光・岡田（二〇一〇）は、「個業性」が強いとされる高等学校に焦点をあて、学校の組織特性（個業型、統制型、協働型、協働・統制型）が、教育相談活動（スクールカウンセラーの有効活用、組織的な相談活動、教員間の連携）にどのような影響を及ぼすかを高等学校教員への質問紙調査で明らかにしている。「個業型校」は、教育相談活動が全般的に停滞していること、「統制型校」は、スクールカウンセラーの有効活用を活性化させているが、教員間の連携では協働型校より劣り組織的な相談活動でも協働型校と同じであること、「協働型校」は、教員間の連携が活性化されているが、組織的な相談活動では統制型校と変わらずスクールカウンセラーの有効活用には影響を及ぼしていないこと、「協働・統制型校」が、教育相談活動の全般で活性化していることを指摘している。

この調査研究で注意を払いたい点の一つは、「協働型校」が組織的な教育相談や教員間の連携を促進しているにもかかわらず、スクールカウンセラーの有効活用の促進にあまり影響を及ぼしていないことである。この点について、「『協働性』が高ければ教師同士によって教育相談活動が十分に活発化され、外部人材であるSC（スクールカウンセラー：筆者注）にはそれほど頼らなくてもよい状況となるという解釈がで」きるが、それは「相談活動が学校内だけに〝閉じた〟状態」ともいえ、学校の孤立と問題の深刻化につながる可能性があると課題を指摘している。もう一つの興味深い点は、「協働・統制型校」が教育相談活動の全般で活性化している理由をどう考えるかということである。

それらの点を考えるうえで参考になるのが、スクールソーシャルワーカーの実践と学校の組織的要因の関係を明らかにしようと試みた西野(二〇一四)の調査研究である。西野は、子どもの虐待等の問題対応と支援プログラムを明らかにすることを目指してチーム・アプローチのための校内体制を整えている学校のスクールソーシャルワーカーに対するインタビュー調査を実施し、その体制が効果的に機能する学校の組織的要因を明らかにしようとした。

この調査研究では、支援が必要と思われる子どもの情報を集約し、子どもの問題把握とどの子どもにどのような支援プログラムを整えるかを明らかにする校内支援委員会の重要性が指摘されている。

校内支援委員会(名称は、コア会議とか生徒指導委員会など多様)では、理想的には、ステップ①担任の支援で対応、ステップ②学年の支援で対応、ステップ③学校全体で対応、ステップ④関係機関との協議で対応、というように子どもの問題状況に応じて情報とアセスメントを共有しながら、学校全体で対応するステップ③の事例を、校内ケース会議を積み重ねながら取り組むことが効果的であると述べている。

校内支援委員会を設置する意義は、⑴常に子どもの状態を把握できる、⑵情報の共有化による風通しのよさ、⑶複数の目で見守る意識の促進などが挙げられている。

しかし、課題は、スクールソーシャルワーカー等の専門職と学校教職員をつなぎ調整するスクールソーシャルワーク担当教職員の考え方等で校内支援委員会の運営や取り上げるケースの種類、順番が変わってくる点である。そのため、スクールソーシャルワーク担当教職員のあり方が極めて重要であることから、スクールソーシャルワーク担当教職員には、子どもの虐待問題や福祉等に関する一定の専門的知識や感覚を身に付けさせるとともに、校内の子どもの情報を集約できるポジションにある教職員の配置や物理的な時間の保障などが不可欠であるとしている。スクールソーシャルワーカーが派遣である場合や多忙等を理由に校内支援委員会などの組織を設置できていない学校では、問題を抱え込んだ担任教員と校長あるいはスクールソーシャルワーク担当教職員との個人的対応に終始してしまい、学校全体の組織的取り組みが出来ていない例が多いとしている。

また西野は、スクールソーシャルワークの取り組みをそうした個人的対応に終わらせずに、校長等の管理職、スクールソーシャルワーク担当教職員、スクールソーシャルワーカー、スクールカウンセラー、養護教諭、他の関係教職員等で構成する校内支援委員会で組織的に取り組むチーム・アプローチの成果を、①情報の共有化によるアセスメントの深まり、②安心感と連帯感（不安がなくなり負担が分担できる）、③早期対応、と指摘する。こうした指摘からは、学校・教員が多忙な状況下で、校内支援委員会を設置し学校全体で組織的に取り組むことができるかどうかは、校長等の管理職の変革的リーダーシップが重要であることを示唆している。

教員間の情報共有と双方向的なコミュニケーションによる同僚性の形成は協働型学校づくりの要である。しかし、多忙化する学校現場にあって、課題の優先順位を決定し、他専門スタッフの専門性とその役割に関する教職員の認識を深め意識改革を促しながら、校内支援委員会の設置や他専門スタッフとの調整役であるスクールソーシャルワーク担当教職員に適任者を配置するといったチーム・アプローチを構築するには、管理職のリーダーシップが不可欠である。それを「協働・統制型」と呼ぶかどうかは議論のあるところであるが、そうした管理職のリーダーシップを生み出していくためには、情報の集約と共有、決定権限の分散と集中の要となっている校長・教頭・副校長を補佐する集団的執行部体制の構築が不可欠である。

なお、これまで論じてきた教員と他専門スタッフとの連携・分担・協働をめぐる難しさは、教員と他専門スタッフの間にある地位・身分、勤務形態、権限等の「非対称性」に大きく起因している面もある。そのため、将来的に、他専門スタッフの正規常勤職員化等によってその「非対称性」が解消されるならば、今日の連携・分担・協働をめぐる問題の多くは改善されていくとも考えられる。

学校プラットフォームを可能にする条件

政府・文部科学省が学校プラットフォーム化や「チームとしての学校」の構築に向けた施策を進めてきていることもあり、教育行政施策では、連携・分担・協働の阻害・抑制の諸要因を取り除いていこうとする取り組みが図られてきている。具体的には、さまざまな論議を孕みながらも、教員が連携・協働に抑制的になる意識を生じさせている学校の疎組織的（ルースカップリング）構造の見直しが進められてきた。学校がより組織的に機能できるように管理職のリーダーシップを発揮できるようにし、ミドルリーダーの登用・活用により教職員集団の体系的組織化や「同僚性」を醸成したり、また、教員の多忙化・多忙感の軽減に向けた業務改善の取り組みや長時間勤務の見直しを行ったり（次章で詳説）、そして、教員と他専門スタッフの「非対称性」を改善するためにスクールカウンセラーやスクールソーシャルワーカーの常勤・学校職員化に向けた法的・財政的措置の動き等、幅広い施策が取り込まれてきている。

ただ、そうした一連の取り組みには、教職員の大幅な増員に要する教育予算の拡充が必要となるため、現下の国や自治体の財政逼迫を直視した際、その具体化を楽観視できない状況にあることも事実である。そのため、教育関係者の間には、教育予算の拡充による教職員の大幅増員が実現しないままに教育と福祉の連携・協働が学校をベースに進められていった場合には、前述のような危惧が現実のものになると不安視する声も強い。

そのため、学校を教育と福祉の連携・協働のプラットフォームとして位置付けるのではなく、学校外の地域に、教育と福祉の連携・協働を図る組織・機関を創設するという選択肢はないのかという声も聞かれる。

山野（二〇一五）が提唱するように、学校を児童生徒の全数把握の機関とし、学校をベースに必要な支援を行う仕組みをつくっていくという方向とは別に、たとえば、某自治体の先進的取り組みのように（上田二〇一七、濱口二〇一九）、スクールソーシャルワーカーを福祉部局に配置して、学校訪問や連携の取り組みをしたり、福祉部と教育委員会部局等で地域にスクールソーシャルワーカーと支援員の組織チームを設置し、その組織チームが全戸訪問型アウトリーチを行うという考え方もある。学校外の組織チームが乳幼児や児童生徒の全数把握に取り組み、必要な支援を要する乳幼児・児童生徒がいれば、その組織が核となりリーダーシップを発揮して、学校・教職員と連携し支援のネットワークをつくっていくという選択肢も可能なのではないかという意見である。

こうした取り組みが評価される背景には、二〇一六年度に改正された社会福祉法が、個人およびその世帯が抱える「地域生活課題」の把握と連携による解決を謳い、その「地域生活課題」の中に教育に関する課題を新たに明記したうえで（同法四条二項）、教育も含めた地域における包括支援体制の構築に取り組むことが明記されたことがある。「チームとしての学校」は、学校をプラットフォームとする発想とは別に、地域包括支援体制を構築する展望の下に、福祉等の他部局・機関と教育委員会部局の連携・協働の組織を創設し、そのネットワークの中に学校を包摂していくという選択肢も考えられる。

ただ、こうした地域包括支援体制の一部としての「チームとしての学校」論は、福祉関係者からも、実現していくうえでの難しさが指摘されている。

学校プラットフォーム論や「チームとしての学校」論は、これまでの日本の学校を大きく変える可能性を孕んだ魅力ある学校改革の方策である。しかし、それを現実化するために十分な人的資源の拡充的投入が無ければ、従来型の古い学校システムの「拡大再生産」に留まるという懸念もある。一方で、学校をプラットフォームとした「チームとしての学校」の構築は、正規の専門・支援スタッフの配置や教職員増等の人的資源の投入が実現されれば日本の学校を大きく変えていく可能性がある。

そうした構想に一番近いとされ、そのモデルともされるイギリスの拡大学校（Extended Service）は、多様な背景とニーズを持った子どもへの対応を図るために、地域にとって身近な学校に福祉、医療等のサービスを提供する機能を包摂させてきている。

ただ、拡大学校において、福祉、医療等のサービスを主に担う職員はその分野の専門的知識・スキルを有した（学校）職員であり、教員は授業を中心とした教授活動、学習指導に専念する体制が整えられている（植田二〇一五）。いわば、学校という時間と空間を多様なニーズを持った子どもの福祉的、医療的支援・活動に活用するもので、その支援・活動を担うのは、教員ではなくその分野の専門職員であるという組織体制がとられている。イギリスにおける学校の教職員構成、すなわち、教員と他専門・支援職員の比率は五〇：五〇か後者の比率が高くなっているが、そうした人的資源の投入があってこそ、学校をプラットフォームとする「チームとしての学校」の実現が可能になるといえる。[4]

▼1＝本章は、拙稿（小川二〇一六a）、（小川二〇一六b）、（小川二〇一八）を一部加筆修正したものである。

▼2＝武井（二〇一七）は、学校の集団的教育活動でさまざまなハンディを背負った児童生徒に対して「例外的措置」を図ることが、もう一方の児童生徒を「平等」に扱うことを求める「同質性」の重圧の中で容易でないことを事例調査研究で指摘している

▼3＝ただ、こうした働き方は、学校だけではなく、民間でも公務員でも日本的経営の特徴として日本の多くの組織で一般的なものであったといえる。そうした日本の組織では、多様な専門的職種、他職種で協働的に仕事をするという発想は近年までなかなか生まれて来なかった。

▼4＝山野（二〇一八）は、筆者の「地域包括支援体制を構築する展望の下に福祉等の他部局・機関と教育委員会部局の連携・協働の組織を創設し、そのネットワークの中に学校を包摂していくという選択肢も考えられる」という箇所を引用して、筆者が学校領域に多職種が入ることを牽制しており、筆者をはじめ「教育関係者がやはりプラットフォームは福祉領域にあるべきだと理解することは、縦割りを改善し『丸ごと』に向かい、住民にとって身近な圏域を大事にするというポイントをとらえていない、と言わざるをえない」（山野二〇一八）と批判している。しかし、筆者は、学校を教育と福祉等との連携・協働のプラットフォーム化することを批判している訳ではなく、学校がそうしたプラットフォームとして実際に機能させるためには、十分な人的資源の投入の諸課題があるということを指摘しただけのことである。

◉第七章

教員の長時間勤務の改善

これまでも教員の長時間勤務や健康被害が指摘されてきたにもかかわらず、その問題を真正面から検討しようとする社会的、政治的な動きが生じてこなかった。しかし、政府の「働き方」改革の推進が、教員の「働き方」改革も例外とせずその問題を政治課題として浮上させることになった。その直接的なトリガー(引き金)となったのが、二〇一六年に実施された教員勤務実態調査結果で明らかになった教員の深刻な長時間勤務の実態であった。

教員勤務実態調査の詳細は後で触れるが、平均値でも過労死ラインとされる月八〇時間の時間外勤務を超える長時間勤務が明らかになった。文部科学省も、その事実を重く受け止め、労働問題(他の産業と比較しても顕著な長時間勤務を強いられ、それを起因とする病気休職者数が年間八〇〇〇名前後、精神疾患者数五〇〇〇名前後と高止まり状況が続いている等)としても、また、教育問題（教職の魅力逓減とそれを起因とする優秀な人材確保の困難化、教員の研修・研究時間の確保が困難等）としても、最早、教員の長時間勤務をこのまま放置できないと判断し、その改善方策を中教審に諮問しその改善方策の検討を進めてきた。

1　過労死ライン超えの長時間勤務

教員の長時間勤務の実態

日本の教員の長時間勤務の原因については、これまで、日本の学校や教員が、教科（学習）指導に留まらず、登下校の見守り、学校行事、生徒指導、部活動、家庭・地域連携など広範囲の業務を担ってきたことにあると指摘されてきた。

事実、表1のＯＥＣＤ調査「各国小学校教員の勤務時間と全勤務時間に占める授業時間」（二〇〇八年）に見るように、日本の教員は、総勤務時間（ここでは法定労働時間）に占める授業に費やす時間の割合が三七・三%となっており、アメリカの五七・三%、イギリス（England）の五一・七%、イギリス（Scotland）の六二・六%と比べて低い。日本の教員は、総勤務時間（法定労働時間）の残りの約六三%を授業以外の業務に費やしてい

	A：総勤務時間（法定労働時間）	B：授業に費やす時間	B/A（%）
日本	1899	709	37.3
アメリカ	1913	1097	57.3
イギリス（England）	1265	654	51.7
イギリス（Scotland）	1365	855	62.6

表1　OECD調査「各国小学校教員の勤務時間と全勤務時間に占める授業時間」（2008）

ることになる。教員が担う職務・業務の範囲が無限定、曖昧であり、本来的業務だけでなく周辺的・境界的業務の範囲が広がり過ぎていることや、それら業務量の多さが長時間勤務の要因であると考えられてきた（諸外国における学校・教員の職務内容の比較は、藤原二〇一八、等）。

ただ、そうした指摘に対して、神林（二〇一七）は、各種のデータ分析から、①一九五〇～六〇年代と二〇〇〇年代後半以降の比較では、事務処理等の周辺的業務に費やす時間が高止まりであることは事実であるが、周辺的業務に費やす時間は増大していない、②一九五〇～六〇年代と比べて二〇〇〇年代後半以降に増大したのは、教育活動――特に生徒指導や部活動等に費やす時間である、などを実証的に明らかにしている。加えて、二〇一六年教員勤務実態調査の結果をつぶさに見てみると、そうした従来の指摘とは違った要因を確認できる。
まず、二〇一六年教員勤務実態調査結果の要点の概要は次の通りである。

① 月当りの平均の時間外勤務が校内勤務だけで小学校は約七四時間、土日勤務を加えると約八三時間、中学校は同様に約九八時間、土日勤務を加えると約一二五時間、と、平均値でも過労死ライン[1]を超えるという長時間勤務の実態が明らかになったこと

② 過労死ラインとされる一ヵ月当たりの時間外勤務八〇時間（校内勤務・週当たり二〇時間）を超える教員の割合が小学校で約三〇％、中学校で約六〇％と深刻化していること

③ 二〇〇六年調査と比較してこの一〇年間で勤務時間が増えていること、週当り持ち帰りを含まない平日・学内勤務で小学校教諭四時間九分、中学校教諭五時間一二分、月当たりで小学校では約一七時間、中学校で約二一時間、勤務時間が長くなっていること

直近一〇年間で増えた本来的業務

さまざまな要因が複合的に関係しあって教員の勤務時間を増やし、長時間勤務を常態化させている。ただ、二〇〇六年と二〇一六年の教員勤務実態調査の比較では、時間が減った業務、横ばいの業務、増えた業務があり、それに注目して調査データを精査すると、この一〇年間では授業、授業準備、成績処理、学習指導等といった教員の本来的業務の勤務時間が増えていることが明らかになった。

表2は、小中学校別に、勤務時間が増えた主な業務と減った主な業務の項目を取り上げてその勤務時間の増減を見たものである。

小学校では、平日学内勤務（月当たり）で増えた主な業務の合計が二二時間二〇分増えているが、その増えた分の約六四％（一四時間）は、授業や授業準備、学習指導に関係する業務、となっている（土日の業務でも、月当たり、授業三二分、授業準備三六分の増を考えると授業・学習指導関係の業務が中心に勤務時間が増大していことが確認できる）。

中学校では、平日学内勤務（月当たり）で増えた主な業務の合計が約二一時間四〇分増えているが、授業、授業準備、成績処理、学習指導に関する業務が計一五時間四〇分増となり、増えた勤務時間の約七三％は本来的業務である。

平日：学内勤務

	小学校			中学校		
	業務内容	1日（分）	1ヵ月×20（時間・分）	業務内容	1日（分）	1ヵ月×20（時間・分）
増えた主な業務	授業 学年・学級経営 授業準備 学習指導 学校経営 事務 行政・団体対応 成績処理	27 10 8 7 7 6 2 0	9時間 3時間20分 2時間40分 2時間20分 2時間20分 2時間00分 40分 0分	授業 授業準備 成績処理 学年・学級経営 部活動 学習指導	15 15 13 11 7 4	5時間 5時間 4時間20分 3時間40分 2時間20分 1時間20分
（小計）		67	22時間20分		65	21時間40分
減った主な業務	生徒指導：集団 会議・打ち合せ その他校務 学校行事 校内研修	17 7 5 3 2	5時間40分 2時間20分 1時間40分 1時間 40分	学校行事 その他校務 生徒指導：集団 生徒指導：個別 会議・打ち合せ	26 8 4 4 4	8時間40分 2時間40分 1時間20分 1時間20分 1時間20分
（小計）		34	11時間20分		46	15時間20分

休日：土日勤務

	小学校			中学校		
	業務内容	1日（分）	1ヵ月×4（時間・分）	業務内容	1日（分）	1ヵ月×4（時間・分）
増えた業務	授業準備 授業 学校行事 成績処理	9 8 8 4	36分 32分 32分 16分	部活動 学校行事 成績処理 授業準備 授業	64 10 10 8 3	4時間16分 40分 40分 32分 12分

表2　2006年と2016年の教員勤務実態調査から見た業務の勤務時間の増減

また、平日の一日当たりの学内総勤務時間に占める本来的業務（授業、授業準備、学習指導、成績処理）の割合とその変化を見ると違った問題が見えてくる。

表3は、時間外勤務も含めた平日の一日当たりの学内総勤務時間と、それに占める本来的業務に費やした時間の割合を、二〇〇六年調査と二〇一六年調査で比較したものである。表3からは、二〇〇六年から二〇一六年の一〇年間で、学内総勤務時間が長くなっただけでなく、学内総勤務時間に占める本来的業務の時間割合も小学校で二・五％、中学校で六・二％増えていることがわかる。

前述したOECD調査（二〇〇八）では、総勤務時間（法定労働時間）に占める授業に費やす時間が、日本の教員（小学校）は三七・三％と先進諸国の中で最低に近い割合であった。しかし、時間外勤務を含めた総勤務時間に占める本来的業務の時間を見ると、その割合は五〇％を超えている。その意味することは、正規の勤務時間内では、授業持ちコマ数が多いことや周辺的・境界的業務も処理しなければならないため、授業準備や成績処理、学習指導等の本来的業務を行う時間を確保できず、正規の勤務が終了した後、時間外にそうした本来的業務を行っているということである。

以上の点を考えると、この一〇年間で勤務時間が増えた背景には、世代交代による

	A:学内総勤務時間	B:本来的業務時間	B/A(%)
2016年小学校	11時間15分	6時間30分	57.7
2016年中学校	11時間32分	5時間49分	50.4
2006年小学校	10時間32分	5時間48分	55.2
2006年中学校	11時間	4時間52分	44.2

表3　2006年と2016年の教員勤務実態調査から見た業務の勤務時間の増減

若手教員の増加（二〇〇六年度調査：小学校・三〇歳以下一五・二％⇩今回調査：同二五・九％、二〇〇六年度調査：中学校・三〇歳以下一二・六％⇩今回調査：同二四・二％）があったことも要因の一つであるが、加えて、二〇〇八年学習指導要領改訂による授業時数の増加や言語活動・理数教育の充実等による学習指導の取り組みの強化、そして、一人一人の児童・生徒へのきめ細やかな授業や学習指導に取り組むために、各自治体・学校で少人数指導・習熟度指導、補習指導等が行われてきたことがあったと思われる。

これらの取り組みは、国による正規の教職員定数改善や加配などが増えない中で、自治体の単費加配（非常勤講師）を行ったり学校が現有スタッフの持ち授業時数を増やす等して行われている例も多く、教員負担を強いる中で進められてきたという現実もある。こうしたことが、この一〇年間で授業、授業準備、学習指導、成績処理などで勤務時間が増えた要因であると考えられる。

	小学校	中学校
16～20コマ	4.3%	15.7%
21～25コマ	34.2%	49.9%
26コマ以上	40.9%	20.8%

出典：2016年度勤務実態調査

表4　1週間当たりの教員の持ち授業時数（週29コマ）

実際、教員の週当たり持ち授業時数の数値がそのことを示している。

表4は、二〇一六年教員勤務実態調査で教員に週当たりの持ち授業時数を尋ねた回答を整理したものである。小中学校では一週間の時間割は二九コマが標準となっているが、週当たり二六コマ以上の持ち授業時数を担当している教員が、小学校で四〇・九%、中学校でも二〇・八%に上っている。二六コマ以上とは、一週間の時間割で授業担当のない空授業時間がわずかに三コマ以下ということになり、授業時間帯においては他の業務を行えないほどまったく時間的余裕がないという状況である。二一から二五コマの持ち授業時数の教員も小学校で三四・二%、中学校で四九・九%となっている。

ちなみに、表5は、文部科学省が三年間に一度実施している教員統計調査から整理した小中高校教員の週当た

	2004年	2007年	2010年	2013年	2016年
公立小学校	23.0	22.9	23.7	23.9	23.8
公立中学校	17.9	17.9	17.7	17.9	17.9
公立高校	15.1	15.3	15.5	15.5	15.4
私立高校	14.4	14.4	14.7	14.5	14.4

出典：文部科学省　教員統計調査

表5　小中高校教員の週当たり平均持ち授業時数

り平均持ち授業時数である。表5の数値と比べて表4の数値が高く出ている理由は、二〇一六年教員勤務実態調査では、少人数指導や習熟度別指導、放課後補習授業等の学校独自の工夫を当該学校教員の持ち授業コマ数を増やすことで実施するなどしている実態が反映されたものであると推察され、こちらの方が学校現場の実態をよりリアルに表している数値であると思われる。

今後、二〇二〇年度から実施される新教育課程により、小学校における英語の教科化で授業時数が増えることや「主体的対話的で深い学び」等の取り組みが予定されることを考えたとき、授業や授業準備、成績処理、学習指導等の本来的業務を中心により多くの追加的時間を要する状況が想定される。そのためにも、学校や教員にとって、本来的業務ではない業務、他の専門・支援スタッフに任せられる業務は役割分担の見直しで適正化し、教員が本来的業務に専念できる体制を整備すること、また、必要な教員定数改善を進めて教員の週当たり持ち授業時数を適正にすることは、極めて重要な課題である[2]（特に、小学校では、高学年の英語をはじめ専科教員の増員・配置は急務である）。

2　なぜ長時間勤務が生じるのか——給特法を中心に

労働基準法と給特法

一節では、教員の長時間勤務の実態とその原因を見てきた。次に、そうした長時間勤務を生じさせてきた学校の勤務体制と勤務時間管理の問題について「公立の義務教育諸学校等の教育職員の給与等に関する特別措置法」[3]（以下、給特法）を中心に考える。

周知のように、労働基準法（以下、労基法）は、一条（労働条件の原則）で「労働条件は、労働者が人たるに値する生活を営むための必要を充たすべきものでなければならない」（一項）とし、「この法律で定める労働条件の基準は最低のものであるから、労働関係の当事者は、この基準を理由として労働条件を低下させてはならないことはもとより、その向上を図るように努めなければならない」（二項）と規定している。そして労働時間については、一週間四〇時間、一日八時間を上限とする法定労働時間（三二条）、一連続作業時間の限度を規定する休憩時間（三四条）等の規定があり、使用者は始業・終業時間、休憩時間等の事項について就業規則を作成し行政官庁に届けること（八九条）、また、時間外および休日の労働については労使間の協定が必要であり（三六条）、時間外および休日等の時間外労働に対しては割増賃金を支払うべきこと（三七条）等を定めている。

以上のような労基法の諸規定は、基本的に公立学校教員にも適用され、使用者・管理者（教育委員会・校長）は、教員の勤務時間を適切に管理する責務を負い、労働安全衛生法等でも勤務時間の適正な把握とともに健康安全配慮義務も負っている。

しかし、給特法は、公立学校教員に給与その他の勤務条件の一部についての特例を設けている（一条）。

具体的には、労基法三三条三項の適用により「公務のために臨時の必要がある場合においては」、教員に勤務時間の延長または休日勤務を命じることができること、ただし、「正規の勤務時間を超えて勤務させる場合は、政令で定める基準に従い条例で定める場合に限るものとする」（給特法六条一項）、教員には給与月額の百分の四に相当する教職調整額を支給する（給特法三条一項）、労基法三七条（時間外・休日および深夜の割増賃金）を適用除外とし時間外勤務手当および休日勤務手当は支給しない（給特法三条二項）、といった例外規定である。

給特法六条一項に基づく「公立の義務教育諸学校等の教育職員を正規の勤務時間を超えて勤務させる場合等の基準を定める政令」では、「正規の勤務時間の割振りを適正に行い、原則として時間外勤務を命じないものとすること」を確認しつつ、「時間外勤務を命ずる場合は、次に掲げる業務に従事する場合であって臨時又は緊急のやむを得ない必要があるときに限る」とし、①校外実習その他生徒の実習に関する業務、②修学旅行その他学校行事に関する業務、③職員会議に関する業務、④非常災害の場合、児童又は生徒の指導に関し緊急の措置を必要とする場合その他やむを得ない場合に必要な業務、の四項目（以下、超勤四項目）が掲げられている。

給特法が規定する勤務時間管理の本来の趣旨からすれば、長時間の時間外勤務が生じないことになるが、実情は時間外勤務に歯止めがかかっておらず一節でみたような長時間勤務が常態化してきた。時間外勤務を抑制するという本来の趣旨で制定された給特法の下で、なぜ、長時間勤務が常態化してきたのだろうか。

給特法下の勤務時間管理の問題

その原因は、以下のように指摘できる（小川二〇一五、二〇一七）。

第一に、原則的な考え方としては、個々の教員に正規の勤務時間の割振りを適正に行い、一日八時間（条例では地方公務員の法定労働時間は七時間四五分と定められている）を超える勤務時間が生じた場合には、研修等運用面での適切な配慮や一定期間内において平均一週四〇時間（同三八時間四五分）を超えないよう勤務時間を割振りするなど時間外勤務が生じないようにすることになっている。

しかし、実際には、そうした割振りでは対処できないほどの時間外勤務が生じているのが実態である。加えて、超勤四項目以外の業務については、給特法ではそれら時間外勤務の多くが管理者（教育委員会・校長）の「指揮監督下」にある勤務時間ではなく（「指揮監督下」にある命じることのできる時間外勤務は超勤四項目に限られるとされてきた）、教員の任意の「自発的行為」であると扱われることで、長時間の時間外勤務を抑制するようには機能してこなかった。近年では、超勤四項目の業務量より超勤四項目以外の業務量の方が増大し教員の長時間勤務の深刻化が進んできた。

第二に、給特法は、超勤四項目については、労基法の適用除外により労使間の協定無しに時間外勤務を命じることができるようにしたが、歯止めとして、その四項目についても時間外勤務を命じることができるのは、「臨時又は緊急のやむを得ない必要があるとき」と規定している。

しかし、そうした規定にもかかわらず超勤四項目の時間外勤務の上限が定められておらず、超勤四項目の歯止め規制も形骸化してきた。

第三は、給特法の下では、時間外勤務に対する金銭的措置が不十分で、時間外勤務を抑制するように機能していないことである。時間外勤務に対する割増賃金＝時間外勤務手当の支給は、八時間労働制を守るブレーキの役割を果たし、同時に過重な勤務に対する補償の意味をもつものである（小西・渡辺・中嶋 二〇〇七）。

しかし、給特法では教職の「特殊性」に鑑みて、教員の職務を勤務時間の内外を問わず「包括的に評価」して時間外勤務手当を支給せず、代わって教職調整額を一律支給することになっている。本来、長時間の時間外勤務のブレーキの役割を果たすことが期待される時間外勤務手当が、給特法下では、教職の「特殊性」を理由に一律支給の教職調整額に取って代わられることで、勤務時間管理を適正に行い時間外勤務を減らそうとするという関係者の意識を希薄化させてきたことは否めない事実である。

なお、教職調整額と同じという訳ではないが、個々の勤労者の時間外勤務の長短に応じて個別に時間外勤務手当を支給するのではなく、一定額の時間外勤務手当を一律支給するという支払い方法がある。それは、定額残業代の制度として民間でも広く採用されている仕組みである。

定額残業代とは、①ある水準までの時間外勤務に対しては、すべての勤労者に一括して割増賃金として支払う、②その水準まで時間外勤務をしていない者に対しても同額の割増賃金として支払う、③その水準を超える時間外勤務をした者には、追加の割増賃金を支払う、というもので、時間外勤務手当の支給に伴う勤労者個々の給与計算事務処理の業務負担を軽減できるなどの理由から採用されてきた。

そして、定額残業代がその趣旨に沿って適正に運用されるためには、①明確区分性（基本給と明確に区分されていること）、②対価要件（割増賃金の対価という趣旨で支払われていること）、③差額支払合意（定額残業代を超える割増賃金について差額を支払う旨の合意）、という要件が不可欠であるとされてきた（峰二〇一六）。教職調整額は、ある種、定額残業代の性格を一部有した手当の仕組みであるといってよいが、しかし、適正な定額残業代に求められる要件に欠けているといえる。[4]

時間外勤務に対する包括的な一律支給という点で教職調整額と定額残業代は支払い形態としては似ているといえなくもないが、その内容を精査すると両者はまったく〝似て非なる〟仕組みであることを確認しておきたい。

以上のように、給特法は、教員の勤務時間管理を適正に行うという点で多くの問題点を有しており、教員の長時間の時間外勤務を事実上放置する結果をもたらしてきた。

裁判判例から見えてくる「労働」性否定の理屈

これまでも給特法の問題点を指摘する声はあった。たとえば、労働法学者の萬井隆令（二〇一七）は、給特法をホワイトカラーエグゼンプション[5]（white collar exemption）の先例であると批判している。

給特法は「ただ働き」を正当化する法律であると批判して、公立学校の教員が、教職調整額の支給以外に、自分が働いた時間外勤務に相当する時間外勤務手当を請求する訴訟を提起した事例もこれまで多くあった。萬井（二〇〇五）は、給特法が絡んだこれまでの時間外勤務手当請求事件の裁判判例を三つの類型に整理してその問題点を指摘している。

その三類型とは、以下のようなものである。

①「調整」推定説と称するもので、給特法は教員の労働を包括的に評価し教職調整額を支給することで時間外勤務問題は「調整」済みであるが、限定四項目以外の業務については特別の事情がある場合に限り時間外勤務手当を請求できるとする考え方（松蔭高校事件・名古屋地裁一九八八年一月二九日判決・『労働判例』五一二号、等）

②「労働」性否認説と称するもので、「調整」推定説を採りながら、問題とされる業務が学校長の指揮命令によるものではなく、教員の自発的行為と認定することで時間外勤務手当の請求を棄却する考え方（大府市事件・名古屋地裁一九九九年一〇月二九日判決『判例タイムズ』一〇五五号、等）

③超勤手当一切不要説と称するもので、給特法はそもそも教員の時間外勤務を「調整」したものであるから時間外勤務手当は一切支給しないという考え方

ここでは、「調整」推定説を採りながら「労働」性否認説を判例で展開している公立学校教員時間外勤務手当請求事件の裁判判例（札幌高裁二〇〇七年九月二七日判決・判例集未掲

載）を概観することでその論理と問題点を確認しておきたい。

この札幌高裁判決は、北海道の公立学校教員が時間外勤務に対する時間外勤務手当支給を求めて提訴した事件であり、第一審の札幌地裁判決（二〇〇四年七月）の原告請求棄却後に原告側控訴によって行われたもので一審支持の内容となっている。

判決では、まず、給特法の趣旨を確認する作業を行い、教員の職務は「本来的に教育職員の自発性、創造性に期待するところが大きいという面で、いわゆるプロフェッションの一員として、一般的な職業とは異なった特質を持つ」ことが強調されている。そのうえで、教員の勤務（形態）の特殊性から労基法三七条の適用を排除して勤務時間の内外を問わず包括的に評価する教職調整額が支給されているとその正当性を確認している。そのため、教員が正規の勤務時間を超えて勤務した場合でも、時間外勤務手当は支給されないと解するのが相当である、と結論づけている。

しかし、あらゆる時間外勤務が時間外勤務手当支給の対象にならないと断じている訳ではなく、時間外勤務に至った事情、職務内容、勤務の実情等では手当支給の対象になる場合もあるという考え方も示している。

その点について、判決は、校長等の具体的な職務命令があった場合や、なくてもそれと同じように教員の自由意思を強く拘束するような状況の下で時間外勤務が行われ常態化しているような場合で、しかも安全配慮も十分なされていない場合には時間外勤務手当支給は認められるべきであるとしている。そうした考え方の上に、判決では、原告の教員一人一人が、どのような状況の下で時間外勤務に至ったかの事実認定を行っている。判決では、その認定を以下のように行っている。

教育職員の担任するクラス、担当する校務分掌や部活動、年間教育計画などは、予め各教育職員の希望を徴したうえ、プロフェッションの集団である校長以下の全教育職員が出席する教職員会議で決定されるのであるが、各教育職員の割り当てられた職務を全て勤務時間内に処理してしまうことは極めて困難である。してみると、各教育職員は、必然的に時間外勤務等を行うことになることを前提として、教職員会議で職務分担等を決定しているというべきであるから、各教育職員が教職員会議の決定で割り振られた職務を行う必要上時間外勤務等に及んだとしても、そのような時間外勤務等は、教育職員が自らの意思に基づいて決定したところに基づくもの、すなわち自主的に行ったものと評価するのが相当である。

なお、**校長が教育職員にひたすらお願いしてクラス担任や部活動の担当を引き受けてもらうことがあるが、このような場合も、教育職員がプロフェッションの一員であるとの自覚のもとにやむを得ず引き受けたものと考えることができるから、引き受けた教育職員の自主的な決定というべきである**（中略）。（控訴人らの上記期間中の時間外勤務等が時間外勤務等を命じられたと同視できるほど控訴人らの自由意思を極めて強く拘束するような形態でなされたことを認めるに足りる的確な証拠はない。）（太字：引用者）

判決では、時間外勤務が校長の職務命令か若しくは職務命令と同視できるほど教員の自由意思を強く拘束するような形態で行われたのであれば時間外勤務手当の対象になるが、当該の業務は教員の自発的意思で行われたもので時間外勤務手当支給の対象にならないと判断している。

教員が担当する部活動、年間教育計画等の多くの業務はたしかに超勤四項目に含まれるものではないが、校長の責任の下で決定された校務分掌により学校と教員の業務とされているものであり、それを欠いては学校の教育活動や経営が成り立たない業務である。それにもかかわらず、それら業務を受けるか受けないか、遂行するかしないか、そして、それら業務を時間外に行ったことは、学校長の指示ではなく個々の教員の自由意思による自発的行為であるとして「労働」性を否定している。

たしかに、校長はそれら業務を勤務時間内に終えられなければ時間外で処理せよと直接命じなかったかもしれないが、多くの業務を抱えて正規の勤務時間内で処理できない業務があった場合、それら業務を時間外で処理せざるをえない状況が常態化しているのが今日の学校の一般的な実態である。

萬井（二〇〇五）は、給特法下の時間外勤務手当請求事件判決で示された「労働」認識は他の民間企業の就業問題を扱った労働裁判判例のそれとの断裂が大きすぎると批判している。萬井は、三菱重工長崎造船所事件（最高裁判所第一小法廷二〇〇〇年三月九日）や大星ビル管理事件（最高裁判所第一小法廷二〇〇二年二月二八日）の判例を引き、労基法上の労働時間とは、「労働者が使用者の指揮命令下に置かれている時間」であり、「労働者の行為が使用者の指揮命令下に置かれたものと評価することができるか否かにより客観的に定まる」と指摘する。そのうえで、同判例が現場作業員の安全靴やヘルメット等の保護具の着脱、あるいは、夜間警備員の仮眠等もいずれも使用者の指揮命令下にあったものとして「労働」と認識している点を挙げ、「労働者が自主的自発的に行なっているように見える作業であっても、それを使用者が異議なく受領している限り、当該作業が業務性を備えていれば、使用者の暗黙の指示のもとに行なわれた『労働』と看做される。ましてや、当該作業を行なわない場合には非難されたり何らかの不利益措置を受けるといった事情がある場合には、それは暗黙の指示に従った『労働』以外のなにものでもない」と指摘している。

教員が担う職務の多くは、学校の教育活動や経営を構成する業務内容について学校長が自らの責任・権限の下で各教員に割振りしているものであり、個々の教員の自由意思による自発的行為によるものであるとはいえない。学校長の責任・権限の下で割振りされた業務である以上、その業務を個々の教員が創造的・自発的に遂行するか否かにかかわらず、その業務遂行は学校長の指揮監督下にある「労働」であり、それが正規の勤務時間内に終えることができず時間外に及んだとしてもその時間外の勤務は決して教員の「自発的行為」なのではなく明らかに「時間外勤務」として認定するべきものである。

3　学校・教員の業務の明確化・適正化

文部科学大臣から学校における働き方改革に関する総合的方策を検討することを諮問された中教審は、働き方改革特別部会を二〇一七年六月に発足させ、同年七月から二〇一九年一月まで審議を行い、最終答申「働き方改革に関する総合的施策」をまとめ公表した。

以下、紙幅の関係もあることから、特別部会内外での活発な論議により社会の注目が集中した学校および教員が担う業務の明確化・適正化と勤務時間管理を含めた勤務体制のあり方、を中心に中教審答申の内容を紹介しつつ、教員の長時間勤務を是正していく方策と今後の課題を考える。最初に、学校・教員が担う業務の明確化・適正化について答申の内容を紹介し、それをめぐる論議や今後の課題を考える。

業務の明確化・適正化の基準

第一節で、教員の長時間勤務とその背景、特に、ここ一〇年間で勤務時間が増えた業務とその要因を見た。そうした実態を直視したとき、その改善のために最優先に取り

基本的に学校以外が担うべき業務	学校の業務だが、必ずしも教員が担う必要のない業務	教員の業務だが、負担軽減が可能な業務
①登下校に関する対応 ②放課後から夜間などにおける見守り、児童生徒が補導された時の対応 ③学校徴収金の徴収・管理 ④地域ボランテイアとの連絡調整	⑤調査・統計等への回答等(事務職員等) ⑥児童生徒の休み時間における対応(輪番、地域ボランティア等) ⑦校内清掃(輪番、地域ボランティア等) ⑧部活動(部活動指導員等)	⑨給食時の対応(学級担任と栄養教諭等との連携等) ⑩授業準備(補助的業務へのサポートスタッフの参画、等) ⑪学習評価や成績処理(補助的業務へのサポートスタッフの参画等) ⑫学校行事の準備・運営(事務職員等との連携、一部外部委託等) ⑬進路指導(事務職員や外部人材との連携・協力等) ⑭支援が必要な児童生徒への対応(専門スタッフとの連携・協働等)

表6　中教審答申が提言する業務の明確化・適正化

組むべき方策は、教員の業務量全体を軽減することである。教員が担う業務の軽減を蔑ろにしたままで、時間外勤務の上限規制や勤務時間管理のあり方を見直したとしても、いわゆるサービス残業（家庭等への持帰り等を含む）が残ったまま長時間勤務の実態は改善しないことは明白である。

そのため、本答申では、これまで教育的配慮の要請や他に担う適切な者が配置されてこなかったために、学校や教員が担わざるを得なかった周辺的・境界的と思われる業務を取り上げ、それら業務の仕分けを検討している。具体的には、表6に示した一四の業務に関して、学校かあるいは学校以外の業務か、また、教員の業務か、他の職員の業務か等を検討し、業務の分担を進めていくことを提言している。

同時に、教員の本来業務である教科指導・生徒指導においても、それら業務の効率化、適正化をさらに進めて、中核となる本来業務により専念できるようにするための必要な体制づくり（授業準備をサポートするスタッフの配置、統合型校務支援システムの導入等）や業務の精選、連携・協働（学校行事等の精選、進路指導業務への専門スタッフ配置、支援が必要な家庭・児童生徒に対応する専門スタッフの配置と役割分担、連携・協働等）も提案している。

本答申の業務の明確化・適正化の提言は、「チームとしての学校」の役割分担と連携・協働の考え方を踏襲しているが、それよりさらに学校・教員が担うべき業務を絞り込む内容になっている。そうした業務量の大幅軽減策を進めることで、労基法改正で確認されている時間外勤務の上限規制ライン（月四五時間、年三六〇時間）まで教員の時間外勤務を減らすことを目指すとしており、また、その上限規制ラインに近づけることを可能にする人的・物的条件整備にも出来る限り取り組むことを国に要請している。

教員の大幅増員を阻む壁

この一〇年間で教員の勤務時間が長くなった理由が、授業やその準備、成績処理、学習指導等の本来的業務であったという二〇一六年勤務実態調査結果を直視するならば、正論としては、周辺的・境界的業務を他専門・支援スタッフに担ってもらうとともに、教員の大幅増員を図ることで増大している本来的業務の負担を軽減（授業持ち時数の軽減等）しつつ、周辺的・境界的業務にも教育指導上の必要に応じて連携・協働的に係わっていくのが望ましい姿である。

しかし、教員の大幅増員という方策は、膨大な追加財源が必要になるという点でハードルが高いというだけではない。逆に、国・自治体の財政事情が厳しく、児童生徒数も少子化で今後急速に減少していこうとしている今日、政府・財務省は、教職員数を削減していく方向に舵を切っており、現状を維持することすら難しくなっている。[6]

また、近年では、政府が最重要課題として位置付けている子育て・教育分野で幼児教育や高等教育の「無償化」政策が優先して取り組まれているという新たな動きもある。政府は、二〇一九年一〇月に消費税率を八％から一〇％にアップすることを予定しており、それから得られる財源六兆円弱のうち一兆五〇〇〇億円を幼児教育と高等教育の「無償化」に充てることを決定している。財務省の当初計画では消費税率二％

アップで得られる財源の一部を社会保障費に充てたうえで他を国債償還の財源に充てる方針であったが、官邸がその方針を覆したとされている。消費税率二%アップで得られる財源の使途を変更され、幼児教育と高等教育に優先的に配分を強いられた財務省としては、これ以上、教育分野の他施策に新たな追加財源を支出することに強い抵抗を示しているとされ、文部科学省も、財務省に対して、他の教育施策に要する新たな財源を要求することが極めて困難な状況になったと判断している。

そうした事情もあって、財務省は、教員の多忙化は部活動等をはじめとする本来的業務でもない業務の多くを学校・教員が抱え込み過ぎていることが原因であり、教員の増員を要求する前に、まずは業務の明確化・適正化による業務量の軽減を進めるのが筋ではないかという姿勢を示している。

以上のような政府内の政治力学や諸事情もあり、文部科学省としては、まずは、業務の明確化・適正化による業務量軽減の取り組みを先行させながら、それと並行して勤務時間の客観的で適切な管理を行い、勤務時間のデータを蓄積しつつそれに基づいて教育政策のＰＤＣＡサイクルを循環させて必要な教職員の増員要求を財務省に要請していくという立場をとることになった。

答申「働き方改革に関する総合的施策」に対しては、教員の大幅増員要求を方策の中心に据えなかった、という点で学校現場や教育関係者からは強い批判もある。

また、学校・教員の業務の明確化・適正化に関しても、前述したような「チームとしての学校」に対する危惧・批判と同じように、①日本の学校教育の強みである学校・教員が子どもの生活全般に関わり子どもの包括的（全人的）な教育に取り組む体制が後退するのではないか、②学校・教員の担ってきた業務を仕分け・振り分けるといっても、それを代わって担える人材やその専門性を十分に確保できるのか、③学校に多様な専門・支援スタッフを配置することで、教員とそれら専門・支援スタッフとの連携・分担・協働が上手くできるのか、また、新しく連携・協働を図ることに時間が割かれて一層の多忙化を招くことにならないか、等の疑問・危惧の声もある。

他方、国・自治体の厳しい財政事情と少子化による児童生徒数の減少等で教員の大幅増員を見通せないなかでは、まずは、学校・教員の業務の明確化・適正化で業務量を軽減しつつ、勤務時間管理をしっかり行い、勤務時間のデータを教育政策のＰＤＣＡサイクルに循環させて必要な教職員の増員要求に繋げていく地道な取り組みを進めていく以外にないという意見、声も多い。

そうした錯綜した議論を交通整理し、危惧を払拭できるかどうかは、今後の教職員定数の改善や他専門・支援スタッフの配置（質量）をどこまで充実できるか、また、「チームとしての学校」の構築等により学校の組織運営体制をどこまで効率化し改善できるか、そして、地域・保護者の理解・支持を得ながらどこまで地域・保護者を巻き込んだ支援と連携・協働の学校づくりができるかにかかっているともいえる。その意味でも文部科学省と地方教育委員会、学校の今後の取り組みを見守りたい。

4　時間外勤務を縮減できるか

答申の改善方策のポイント

二節で給特法を中心に長時間勤務の原因となっている学校・教員の勤務体制の問題を取り上げた。そうした問題のいくつかについては、二〇一九年四月から施行される「働き方改革推進法」により改善が進むことになる。答申「働き方改革に関する総合的施策」が提言している給特法に関係した教員の時間外勤務抑制のための制度的措置は以下のような内容になっている。

第一に、労基法や労働安全衛生法施行規則の改正を踏まえ、学校にも時間外勤務の上限規制と勤務時間を客観的で適切な方法で管理することが強く要請された。それを受けて、文部科学省は、「公立学校の教師の勤務時間の上限に関するガイドライン」(二〇一九年一月二五日、以下、ガイドライン)を策定した。このガイドラインに労基法が一般的な上限として設定した月四五時間、年三六〇時間を、学校での時間外勤務の上限と明示した。

第二に、ガイドラインでは、従来、教員の「自発的行為」とされてきた超勤四項目以外の業務についても勤務時間の対象とした点が大きな改善のポイントである。これまで、超勤四項目以外の業務については、それが校務分掌に係る業務であるにもかかわらず、勤務時間外にやらざるを得ない場合には、職務命令下での業務ではないという理由から、教員の「自発的行為」と扱ってきた。しかし、ガイドラインは、それを見直し、超勤四項目以外の業務も含めてそれら勤務時間を「在校等時間」という外形で把握し、その「在校等時間」を対象にガイドラインの上限まで削減することを求めている(詳細は後述)。

第三に、一年単位変形労働時間制の導入を、自治体の判断で出来るように提言したことである（詳細は後述）。

以下、それぞれのポイントについてより詳しく見ていくことにするが、その前に、答申が提言する改善方策以外に、中教審・特別部会の内外でどのような論議があったのかを簡単に紹介しておきたい。

現時点では、答申が提言する改善方策は、前述したような諸般の事情の下では最善とはいわないまでも次善の方策として妥当であると考えている。しかし、政治情勢や財政事情等が変化した場合には、他の改善方策の方がより望ましく、その方策を実現できる新しい環境が生まれる可能性もある。答申の提言する改善方策を相対化して多様な論点から吟味するという意味でも、中教審・特別部会の内外において長時間勤務を抑制する制度的措置をめぐってどのような論議があったのかを見ておくことは意味のあることである。

いくつかの選択肢

第一は、給特法を廃止し、時間外勤務手当化するという選択肢である。答申でも、「一部の委員からは（中略）給特法を見直した上で、36協定の締結や超勤4項目以外の

『自発的勤務』も含む労働時間の上限設定、すべての校内勤務に対する時間外勤務手当などの支払を原則とすることから働き方改革の論議を始めるべきとの認識が示された」と記載されている。

こうした考え方は、教員も他の一般公務員と同様に、時間外勤務の業務やその管理の仕方を労使の三六協定に基づいて行うことで、勤務時間とその管理を労使で可視化でき、また、時間外勤務には相当の時間外手当を支給することで、教員の「ただ働き」も解消することにつながると主張するものである。

筆者も原則論としては賛同する立場であるが、ただ、最大の課題は、膨大な追加財源を要する点である。

ある研究者は、現在の教員の時間外勤務の実態に応じて時間外勤務手当を支給するとすれば、その総額は三兆円にもおよぶと試算している（萬井二〇一二、二〇一七）。仮に、今の時間外勤務量を半分以上減らして、ガイドラインの上限である月四五時間、年間三六〇時間ベースで考えても、一兆数千億円の追加財源が必要とされ財源問題が大きなネックとなる。

また、三六協定と時間外勤務手当化で長時間勤務の抑制をどこまで効果的に行えるのか、教員の働き方にどのような影響を及ぼすことになるのか、そして、三六協定に基づいて勤務時間管理を進めるうえでの学校経営上の諸問題等、検討すべき課題も多い。加えて、給特法の廃止と時間外勤務手当化の主張に対しては、仮に、それだけの追加財源が実際に支出可能である場合には、むしろそれを教員の抜本的な定数改善に充てることで教員の負担軽減を実現していく方が学校現場のニーズに合っているという意見も多くある。

第二は、給特法の廃止と時間外勤務手当化という抜本的な見直しが難しいと判断された場合、給特法と教職調整額という現行の枠組みを維持したうえで、それらの見直しを図るという選択肢である。この選択肢においては、特別部会で出された意見というわけではないが、これまで教育関係者、教育関係の団体・組合等から主張されてきた意見、考え方を整理すると、以下のようないくつかのバリエーションがある。

一つは、現行の超勤四項目に加えて、教員が業務として担っている主要な業務を、職務命令で時間外勤務に従事させることができるよう超勤業務の項目を広げるという考え方である。かつて、給特法制定の審議の際には、今の四項目より多く九項目があげられていた（身体検査、入学試験、クラブ活動、学校図書館、学生の教育実習の指導）。

この考え方は、時間外勤務の職務命令を広範囲の業務で命じることができる分、教職調整額の増額の論拠にもなるが、長時間勤務の抑制にどこまで効果があるか疑問もある。また、長時間勤務が問題になっているときに、超勤四項目をさらに拡大することは難しいのではないか、職務命令によって時間外勤務を広範囲の業務で命じることができる業務を増加させた分の教職調整額の増額に要する追加財源を確保する見通しはどうかという難点も指摘される。

同様の考え方で、超勤四項目以外の業務において、正規の勤務時間を超えて時間外勤務をやらざるを得ない場合、校長の了解を経る手続きをつくり、[7]校長が認めた場合、正規の時間外勤務として認めるような方向で見直すという選択肢もある。ただ、この案も結果的には、超勤四項目を拡大する案と同様の難点を持つと指摘できる。

以上のような案に加えて、主に、教職員組合が主張する案として、超勤四項目を維持したうえで、それ以外の業務において時間外勤務をやらざるをえない場合、その実勤務時間に応じた賃金を支払う案、[8]また、超勤四項目以外の業務を時間外でやらざるをえない場合、それを時間外勤務として自己申告で認めるよう求める案——時間外勤務を行う際、事前に校長の了解を得るのではなく、教員の判断と裁量で時間外勤務を行い、それを校長が事後的に認めるという教員の自発性、裁量性を尊重することを求める案がある。いずれも教員の教育活動の自由を大切にする立場で時間外勤務の自己申告=事後了解を主張する考え方であるが、時間外勤務の抑制にどれだけの効果があるか、また、時間外勤務として認定する以上、時間外勤務手当化の追加財源が必要となるという課題が残る。

ここまで、給特法と教職調整額という現行の枠組みを維持したうえで、それらの見直しを図るいくつかの選択肢を見てきた。それらの選択肢はどれも業務量の軽減の取り組みを進めたうえでもなお残るであろう時間外勤務を、教職調整額の増額で措置するか、あるいは、時間外勤務手当化で措置するかの違いであり、実現の成否は必要な追加財源を確保できるかどうかにかかっている。

しかし、仮に、業務量の軽減の取り組みで、時間外勤務をガイドラインで示された月四五時間、年三六〇時間まで抑制できたとしても、これらの選択肢では、時間外勤務手当化の場合は一兆数千億円、教職調整額の場合でも九〇〇〇億円前後の追加財源が必要となるという試算があり、前述の国・自治体の厳しい財政事情や財務省の姿勢を考えると現実的な選択肢にはなり得なかった。

ガイドラインの要点と実効性を高めるための方策

これまで見てきた教員の長時間勤務を抑制する制度的措置をめぐるさまざまな見直し案は、いずれも時間外勤務に対する膨大な追加財源が足枷となり実現が難しいとされた。そうだとすれば、残された選択肢は、時間外勤務への追加財源を要せずにどう時間外勤務を効果的に抑制していくかの方策を検討していくしかない。

そういう厳しい制約状況の下で考えられたのが、答申で提言されたガイドラインであった。ガイドラインの要点は、表7の通りである。

ガイドラインの制定は、現行の給特法と教職調整額を維持したままの上限規制の指針であることから、給特法にまったく手をつけず温存させたという批判もある。ただ、ガイドラインは、超勤四項目以外の業務の時間外勤務が、これまで教員の「自発的行為」とされてきた問題を改善するため、超勤四項目以外の業務の時間外勤務も「勤務時間」とし、時間管理の対象にしたことの意味は大きい。

たしかに、「在校等時間」という外形で勤務時間管理をしても、その時間外勤務に対して教職調整額を増額するとか、あるいは、時間外勤務手当を支給するとかの金銭的措置がないため、いわゆる「ただ働き」の実態は変わらないという問題が従来のまま

○趣旨

教員の長時間勤務を是正する取り組みとして、超勤4項目以外の業務への対応も視野に入れて、公立学校教員の勤務時間の上限に関してガイドラインを制定する。

○対象となる勤務時間の考え方

超勤4項目以外の業務を行う時間も含めて勤務時間を適切に把握するために在校等時間として外形的に把握することができる時間を対象にする。具体的には、教員が校内に在校している在校時間を対象とすることを基本に、校外での勤務についても、(土日の業務も含め)職務として行う研修への参加や児童生徒等の引率等の職務に従事している時間については、時間外勤務命令に基づくもの以外も含めて外形的に把握し合算する。なお、休憩時間の外、所定の勤務時間外の校内での自己研鑽その他業務外の時間は自己申告により勤務時間から除く。

○上限の目安時間

月45時間、年360時間を超えないようにすること。ただし特例的扱いとして、児童生徒等に係る臨時的な特別の事情により勤務せざるを得ない場合も年720時間を超えないこと(その場合、月45時間を超える月は年6月までとする)等を定める。

○実効性の担保

(1) 教育委員会

①教育委員会は、本ガイドラインを参考に、勤務時間の上限に関する方針等を策定すること

②教育委員会は、方針等の実施状況を把握したうえで、その状況を踏まえ勤務時間の長時間化を防ぐ取り組みを実施すること。特に、方針等で定める上限の目安時間を超えた場合は、事後的な検証を行うこと

③教育委員会は、人事委員会と方針等について認識を共有し、専門的な助言等を受ける等連携を強化すること。人事委員会を置かない市町村は、首長と方針等について認識を共有し、首長の求めに応じて必要な報告を行うなど連携して取り組むこと

(2) 文部科学省および教育委員会

保護者も含め社会全体が本ガイドラインや方針等の内容を理解できるよう、教育関係者はもちろん、保護者や地域住民等に対して広く周知を図ること

(3) 文部科学省

「業務改善の取り組み状況調査」をはじめ既存の調査等を活用しつつ、適宜、各教育委員会の取り組み状況を把握し公表すること

表7　ガイドラインの要点

続くことになる。たとえば、ガイドラインに即して上限の時間外勤務四五時間まで削減されたとしても、金銭的に措置されるのは月八時間分の教職調整額のみで、残りの時間外勤務三七時間分は「ただ働き」の勤務として残ることになる。

しかし、それでも、これまで教員の「自発的行為」として「隠されてきた」時間外勤務が可視化され、「勤務時間」と認定される意味は大きいし一歩前進であるといえる。時間外勤務が可視化され客観的データとして公になることで、今後、時間外勤務がどのような取り組みでどの程度削減されたのか、あるいは削減されなかったのかなどを検証し、教育政策のＰＤＣＡサイクルに乗せて教職員定数の改善や授業持ち時数の軽減等の取り組みに活用されていくことになるし、長時間の時間外勤務を行ってもそれが「自発的行為」と扱われてきたことで、これまでなかなか認定が難しかった公務災害も認定されやすくなると考える。

また、業務の明確化・適正化による業務軽減を図りながら客観的な勤務実態を可視化することにより、それが、今後、教職調整額の増額の根拠となり増額要求が検討されていく可能性がある。仮に、教職調整額の増額などが図れない場合には、振替休暇などの新しい選択肢が検討されていく可能性も考えられる。

文部科学省は、ガイドラインの実効性を担保するため、給特法にガイドラインの法的位置付けと、自治体（教育委員会）にガイドラインを参考に方針等の策定を義務付ける規定を新たに設ける方向で検討している。そして、自治体（教育委員会）には、ガイドラインを参考に方針等を条例、規則等で策定することを義務付け、方針等の上限の目安時間を超えた場合には、事後的に検証を行うことを求めることになっていることもガイドラインの実効性を高めるうえで効果がある。

またガイドラインでは、従来、公立学校に関する調査、監督の機能が不十分であると批判されてきた人事委員会等についても、都道府県・政令市では、地方公務員の労働基準監督機関である人事委員会と連携を密にして監督体制を整え、人事委員会がない市町村の場合には、市町村長が監督機関として教育委員会と連携し、方針等を共有しつつ首長の求めに応じて必要な報告等を行うことを要請していることにも注目したい。

さらに、ガイドラインに罰則規定を求める声もあるが、これについては、国家公務員や地方公務員と同様に、たとえば自然災害時の対応など、勤務時間の上限規定を超えて公務員として取り組まなければならない業務があり、教職員の場合も、災害時はもとより子どもの危機対応など、上限を超える対応業務もあることから、上限の特例的扱いを認めている。ただ、文部科学省としては、その上限の例外的扱いは限定的に運用するとして、特例的扱いが相当する事例を具体的に示すとしている。また、自然災害等への対応を考えると一律に上限違反に罰則を科すことは現時点では難しいと思うが、その検討は地方公務員を所管する総務省の所掌権限であり、今後の動向を見守りたい。

一年単位変形労働時間制の導入と課題

答申「働き方改革に関する総合的方策」では、もう一つの新しい仕組みとして一年単位変形労働時間制を自治体の判断で導入できるよう提言したことも注目される。ここでは、その意味と導入の際の課題を確認しておきたい。

時間外勤務に対する代償をどのように措置するのかは、原則的に、金銭的措置（時間外勤務手当等）か、あるいは、振替の休暇を与える措置かで、目的・狙いが異なる。

金銭的措置は、時間外勤務へのいわば罰則であり、割増賃金を支払わせることで時間外勤務を抑制するという目的や、働いた時間に見合った報酬（補償）支払という一面もある。ただ、金銭的措置は、長時間勤務の抑制という点では「間接的」な手法であり長時間勤務の抑制にどれだけの効果があるかは疑問な面もある（大内二〇一五等）。

それに対して、長時間勤務の抑制と勤労者の健康被害の防止に直接的な効果があるのは、一定の基準を超えた時間外勤務に対して振替の休暇をしっかり取得させるという措置がある。今次の学校における働き方改革においては、教員の病気休職や精神疾患率の高さなどを考えると振替休暇を確実に取得させる措置を拡充していくことが望ましいと考える。

ただ、現在の学校の勤務態様や勤務時間制度の仕組みでは、それがなかなか難しい現実がある。

そうした状況を打開する一つの案として「調整休暇制度」の提案がある（樋口二〇一八）。「調整休暇制度」とは、ドイツ等の「労働時間貯蓄制度」の考え方を参考に、時間外勤務を規制するために時間外勤務手当の支給ではなく、法定勤務時間を超えた時間外勤務の一定割合を、後日の代替的な時間調整により振替休暇として措置しようとする仕組みである。この案では、たとえば、時間外勤務については、月当たり二〇時間分については時間外勤務手当・休日勤務手当を支給し、それを超える時間外勤務の時間分は振替休暇で調整、補償するというような運用になる。

この案は、時間外勤務に対する手当支給を抑制でき、また、確実に振替休暇を取得させることができるという点で、長時間勤務の規制・抑制と教員の健康被害防止を図れるという魅力的な提案であると思う。ただ、日本の労働法制では、時間外勤務に対する代償措置として金銭的措置が一般的であり、二〇〇八年の労基法改正で月の時間外勤務六〇時間以上の場合にその一部を金銭的措置から振替休暇に替えられるようになったが、[9]未だ、時間外勤務の代償措置を振替休暇に代替するという法制度の運用が大勢になっているわけではない。

また、前述したように、教職調整額の微増すら難しいという厳しい財政事情がある中で、月の時間外勤務の一定割合に時間外勤務手当の支給を求めることの困難さや、時間外勤務を後日に調整、補償して無理なく振替休暇を取得させるためにどれだけの教職員定数の改善（追加財源）が必要であるのかも検証される必要があり、それらの諸事情を考えると、現時点で、「調整休暇制度」を直ちに導入できる状況にはない。

「調整休暇制度」案のような大幅な見直しがなかなか見通せない以上、現行の勤務時間制度を前提に、学校・教員の業務量を大幅に軽減して時間外勤務を削減しながら、学校や教員の勤務態様に見合った形で休暇を確実に取得させる運用を考えて行かざるをえない。

ただ、現状では、学校・教員の繁忙期と閑散期に対応した仕事の割振り、休暇取得を柔軟に行うことが難しいのも事実である。そうした状況に対して、地方公務員に導入が可能になっている一カ月単位の変形労働時間制という選択肢もあるが（実際に、修学旅行や学校行事等の繁忙期に一カ月単位の変形労働時間制を導入している自治体もある）、学校・教員の年間を通じた勤務態様を考えると時間の割振り、振替休暇の期間が短く柔軟性に難点がある。もう少し長い期間で、勤務時間を柔軟に設定し、振替休暇をしっかり取得できるような制度、具体的には、一年単位の変形労働時間制を導入することが中教審・特別部会で検討された。

一年単位変形労働時間制の導入が、自動的に、教員の時間外勤務を削減したり確実な休暇取得を保障するわけではない。あくまで、学校・教員の業務量を大幅に軽減して時間外勤務を削減する取り組みを先行させながら、繁忙期はある程度忙しく勤務時間が長くなっても、夏季の長期休業期間等を含めて閑散期に休暇をしっかり取得してもらうという方策である。

その前提には、夏季等の長期休業期間における部活動、研修などをはじめとした業務を大幅に削減することが不可欠である。そうした勤務体制の整備の課題も含めて、▼10一年単位の変形労働時間制の導入は教員に確実に休暇を取得させることができる方策の一つとして、自治体の判断で導入できるような法制度改正を進めることになった。なお、学校への一年単位変形労働時間制の導入は、まったく新規の試みというものではない。すでに、国立大学法人の附属学校の多くで導入されており、私立学校でも二〇〜三〇数%（私学経営研究会調査二〇一七年）が導入している。ただ、現行では、一年単位の変形労働時間制は地方公務員には認められていないため、導入には法令改正が必要である（二〇一九〜二〇二〇年に詳細な制度設定をし、関係法令改正、二〇二一年四月施行の予定とされている）。

なお、公立学校に一年単位変形労働時間制の導入が可能になる関係法令が成立し、施行された場合には、全国一律で導入するということではなく、自治体の判断で導入され実施されることになる。勤務時間管理を含む服務監督の権限は市町村教育委員会であるが、「地方教育行政の組織及び運営に関する法律」四三条の規定にあるように、県費負担教職員の勤務条件については都道府県の条例で定めることになっているため、都道府県の条例で一年単位変形労働時間制の導入ができる旨の根拠規定を設けたうえで、実際に導入するかどうかは服務監督権者である市町村教育委員会が判断することになる。

また、一年単位変形労働時間制は、一年間という長期間で勤務時間と休暇を調整するというリスキーな面を代償するという意味もあって、時間外勤務の上限規制については一般の上限規制より厳しく設定されていたり（一年単位変形労働時間制では、週四二時間、年間三二〇時間）、個々の教員ごとに就業規則（育児、介護等を抱えている教員は外れることもできる）を定める等、運用上の工夫が一層求められる面もある。

そして、一年単位変形労働時間制の導入の前提は、学校・教員の業務量の大幅な削減、時間外勤務の大幅な削減が不可欠であることから、導入を検討する際には、そうした前提条件が確保されているのかどうか、適正な運用をどう確保していくか等に関して、任命権者、服務監督者の一方的な判断で行うということではなく、条例＝議会での議論とチェックを行うという手続きを定めることが想定されている。

なお、一年単位変形労働時間制の導入には、時間外勤務を「ただ働き」として放置しない（させない）という意味も含意されている。

国のガイドラインの制定と教育委員会の方針等の策定に沿って学校・教員の業務軽

減と時間外勤務の削減を行ってもなお残る時間外勤務は、現状のままでは、何の代替措置もなされない「ただ働き」の時間であるという問題が残る。そのため、同じ時間外の勤務をするのであれば、その一部を正規の勤務時間として正規の勤務時間に組み入れて（その分、正規の勤務時間が長くなるが）、その組み入れた勤務時間分を夏などの長期休業期間にまとめて振替休暇として取得できるようにして、可能な限り「ただ働き」の時間分を減らしたうえで一年間の総勤務時間をフレックスに調整していこうというのが変形労働時間制の考えである。前述の「調整休暇制度」のような仕組みがあれば、こうした変形労働時間制のような正規の勤務時間を長くしてその分を長期休業期間に振替休暇として取得するという手法を採る必要もないが、「調整休暇制度」のような仕組みが無く、教職調整額の増額も難しい以上、時間外勤務の「ただ働き」時間分を少しでも減らす方法として一年単位変形労働時間制の導入は意味があるともいえる。

5 「働き方改革」のゆくえ

今回の中教審答申「働き方改革に関する総合的方策」に対しては、マスコミや教育関係者等からさまざまな批判もある。

主な批判は、教員の本来的業務の増大と長時間勤務を改善するために教職員の大幅増員をなぜもっと強く押し出さないのか、上限規制のガイドラインに罰則付きの法的強制力を持たせないと実効性がないのに、なぜそれをしないのか、「ただ働き」を放置してきた給特法の抜本的見直しに踏み込まなかった、等である。

ただ既述したように、今回の働き方改革に関する中教審での審議は、政治や財政上でのさまざまな強い制約のなかで進められたことに留意することも必要である。また、教職員数の増員では予算編成の所管省庁である財務省、そして、ガイドラインの法的性格付けでは地方公務員を所管する総務省が、学校における働き方改革に関する諸方策を方向づけていく諸権限を掌握しており、文部科学省単独の意向だけで決定できる政策領域は極めて限定された範囲に留められている。

そのため、今回の答申「働き方改革に関する総合的方策」には、文部科学省が所掌する事務、権限で出来る可能な方策がすべてといってよいほど盛り込まれており、それら諸方策のすべてに取り組むことで時間外勤務を可能な限り削減していくという文部科学省の姿勢を強く感じる内容になっているとも評価できる。学校・教員の業務量の軽減と長時間勤務の是正に向けた取り組みの基本的枠組みを創ることができたとも考えている。

学校の「働き方改革」の工程は、今後、国のガイドラインを参考にして、各教育委員会が、二〇一九年度内に方針の検討や策定作業を進め、二〇二〇年四月から施行できるよう取り組むことを求められていくことになる。

そこでの取り組みの中心は、やはり、業務の明確化・適正化である。業務の明確化・適正化といっても、地域や学校でその実態や諸条件が異なるため、教育委員会が主導して目標やスケジュール、段取りを検討し、それに沿って各学校に計画や取り組みを求めていくことが肝要である。また、地域や保護者の理解と協力が不可欠であるため、教育委員会が率先して理解と協力を得る取り組みやメッセージの発信を行い、学校を後方からバックアップしていく必要がある。学校ごとの実態、諸条件が異なるため、教育委員会は必要な個別の支援等を丁寧に行っていくことも求められる。

もう一つは、教職員の勤務時間をしっかり管理していく取り組みである。

ガイドラインにも明記されているように、客観的で適切な方法で勤務時間管理をしっかりと行い、教職員個々の勤務状況を正確に把握することが非常に大切になる。そのため、時間外勤務の抑制が評価の対象にされるようなことがあっても、不正な記録の強要や記録の改ざん・隠ぺいは絶対に行わないよう教育委員会も校長等に指示する必要がある。学校評価や管理職評価に縛られて、校長が不正な管理をしないように配慮することも大切である。

また、勤務時間のデータの整理・分析に関しては、その結果を、教育委員会だけで検証するだけでなく、人事委員会や市町村長（総務課人事）と共有し、方針が目指す目標を達成できなかった場合にはそれら機関と連携・協力して事後検証等の作業をすることも必要になる。

また、学校での取り組みとしては、学校や教員が仕事に振り分ける時間は有限であり、限られた勤務時間内に何を優先して、どの業務にどれだけの時間を配分するかということを、学校として確認していく作業が不可欠である。

教員にしか担えない本来業務が何かを学校全体で確認するだけではなくて、保護者や地域の方々に理解していただき、可能な形で周辺的・境界的業務を担ってもらうことも必要である。教職員の勤務時間データをわかりやすく編集し可視化した上で、全員で勤務実態を把握し、問題の共有、課題の析出、取り組みの方針の確認というPDCAサイクルを回しながら教職員間での議論を起こし、働き方改革の当事者意識を喚起させていく取り組みが求められる。そうした取り組みと並行して、学校の実情に応じて、定時退勤日やノー会議デーの設定や、外注（アウトソーシング）などによる業務の棚卸し、校務分掌の統廃合や校内委員会の効率化など、学校で可能な試みを一つずつでも行っていくことが期待される。

そして、教員が悩みや仕事上の問題を一人でなんでも抱え込まないようにコミュニケーションを図り、いろいろな機会、場面で連携・協働していけるような学校経営を日頃から工夫していく必要がある。日々の風通しのいい教職員の人間関係づくりや学校づくりが働き方改革の基盤であり、働き方改革そのものであるといってもよい。

二〇一九年度から本格的に始動する国と全国各地の「働き方改革」の取り組みの進捗状況とその成果、課題等に関する本格的な調査研究は後日に期したい。

▼1＝過労死ライン：厚生労働省は、過労死の認定について、心臓、脳血管疾患による死亡などの発症が業務に起因するものと認められるか否かの判断として、（一）発症前一か月間ないし六か月間にわたって、一ヵ月当たり概ね四五時間を超える時間外労働が認められない場合は、業務と発症との関連性が弱いが、概ね四五時間を超えて時間外労働時間が長くなるほど、業務と発症との関連性が徐々に強まると評価できること、（二）発症前一ヵ月間に概ね一〇〇時間、または、発症前二ヵ月間ないし六ヵ月間にわたって、一ヵ月当たり概ね八〇時間を超える時間外労働が認められる場合には、業務と発症との関係性が強いと評価できるという基準を示している（平成一三年一二月一二日通達「脳血管疾患および虚血性心疾患等（負傷に起因するものを除く。）の認定基準について」）。

▼2＝教員の週当たり持ち授業時数に関しては、授業の持ち時数と負担感、超過勤務時間の間に相関関係があるという分析もある（小学校で二〇～二一コマ、中学校では一八～一九コマを境に業務負担感や超過勤務時間に有意差が生じていると指摘されている（伏島均「教員の超過勤務問題の実態と要因に関する研究　小中学校の持ち時数の検討を通して」二〇一六年度放送大学大学院修士論文）。また、全日本中学校長会（全日中）は、中学校の週当たりの授業持ち時数としては一九コマ程度が適当であると提言している。

▼3＝一九七一年制定。制定時は、「国立および公立の」とされ国公立学校教員を対象にしていたが、二〇〇三年度の国立学校独立行政法人化に伴い国立学校が廃止され、本法は公立学校教員だけを対象にするものになった。

▼4＝教職調整額は、超勤四項目の時間外勤務に対してだけでなく、教職の「特殊性」に基づき勤務時間の内外を問わず包括的に評価した職務全体を対象にした対価とされている、そのため、教職調整額が対価としている範囲が不明確となっており、一定水準以上の時間外勤務に対して追加的な割増賃金の差額を支給するという差額支払い合意の要件を適用する余地がない。

▼5＝ホワイトカラーエグゼンプションとは、一定の要件（たとえば、年収一千万円以上の年収要件、職務の範囲が明確で高度な専門性、等）を満たすホワイトカラー労働者（事務系・管理系の仕事に従事する労働者）に対して労働時間規制（上限八時間等）の適用除外を認めて、働いた時間でなく成果に対して賃金を支払う制度のことをいう。ホワイトカラーエグゼンプションの導入が主張される背景には、産業・就業構造の変化の中で高度専門的で自律的な労働が増え、多様で柔軟な働き方を求める社会的背景や、個人のライフスタイルや価値観を大切にしたワーク・ライフ・バランスの考え方が広がってきたこと等があるとされる。健康確保の措置等に配慮したホワイトカラーエグゼンプションの導入に賛成する声がある一方で、「残業代ゼロ」を正当化し「過労死」を促進させるものであるという批判もある（大内二〇一五）。

▼6＝政府の経済財政諮問会議の要請に応じて文部科学省が策定した「教職員定数の中期見通し」（二〇一九年三月二九日）によれば、児童生徒数の減少に伴い、公立小中学校教職員定数は基礎定数全体で、二〇一八年度の約六三万三〇〇〇人から、八年後の二〇二六年度の約六〇

万六〇〇〇人と、約二万七〇〇〇〇人減ると試算している。

▼7＝給特法の政令に時間外勤務を命じることができる業務を超勤四項目の他に、「校長が必要と認める業務」という一項目を加える等の改正を行う。実務的には事後報告の手続きなども検討。

▼8＝事後的な精算という性格の賃金支払いを行うべきとする案（全教・弁護団：この主張の特徴は、超勤命令を前提に時間外勤務手当を支給するという仕組みでは、教員の自主的・自発的な教育活動に対する管理・監督を強化することになり自由な教育活動になじまないという考え方をしているところである。全教 二〇一一）

▼9＝ただし、二〇〇八年の労基法改正（二〇一〇年四月施行）により、月の時間外勤務が六〇時間を超えた場合、その時間分については、一般的な時間外勤務手当の割増率二五％にさらに上乗せして計五〇％以上の割増率になったが、その二五％の上乗せ部分については労使協定があれば有給休暇で代替させることができるようになっている。

▼10＝文部科学省は、夏季等の長期休業期間における学校の業務を見直す一環として、通知「学校における働き方改革の推進に向けた夏季等の長期休業期間における学校の業務の適正化等について」（二〇一九年六月二八日）を発し、長期休業期間における、研修の整理、合理化、部活動の休止、一定期間の学校閉校日の設定等に取り組むことを教育委員会、学校に要請している。

教育政策と教育予算（財源）の隘路

予算（財源）は、政策を実現するための裏付けとなるものである。それは、教育政策においても例外ではない。

多くの人々が共感するような高い教育理念も、また、それを実現しようとする独創的な教育政策や法制度を構想しても、それらを具体化できる教育予算（財源）を確保できなければ、所詮、〝絵に描いた餅〟に過ぎない。

逆に、国や自治体の逼迫する財政事情に配慮して、教育予算（財源）の厳しい制約条件下で教育政策や法制度の見直しを考えると、現状維持的で問題の抜本的改善に至らない弥縫《びほう》的、対処療法的なものにとどまってしまう。

今次の教育改革は、日本の近代史上でも「第三の教育改革」と称されるような性質と規模を有している。ただ、本書でも見てきたように、その担い手である教職員の働き方改革等には、相応に必要とされる教育予算（財源）が投入されていないと感じるのは私だけではないだろう。

一方で、二〇一九年一〇月に実施される消費税の二％増税で得られる財源の一部を投入して、高等教育の「無償化」が実現する。高等教育の「無償化」といっても、実際は厳しい所得制限を伴う入学金・授業料減免と給付型奨学金の拡充に限定されたもので、「無償化」の名に値しないという批判もある。それでも、二〇二〇年度から実施される高等教育「無償化」には、年間七六〇〇億円もの予算が計上される。ちなみに、公立小中学校教職員給与の三分の一を負担している国の義務教育費国庫負担金は、現在、約六三万人分の一兆五〇〇〇億円余りを計上している。今回の高等教育「無償化」に要する財源七六〇〇億円は、義務教育費国庫負担金の半分にもなる額である。仮に、それだけの国の教育予算が学校の働き方改革に追加投入されるならば、大幅な教職員増が可能となり教員の長時間勤務や過重な負担も一気に解消されることになる。

教育の改善を望む立場からは、経済困窮世帯の高等教育進学率を向上させることも、また、教職員定数の大幅増員による学校の働き方改革の推進もともに実現して欲しい。

しかし、二つの政策を同時に実現できるだけの潤沢な財源を確保できない以上、優先順位を付けざるをえない。そうした優先順位の決定は政治の仕事であり、国民の多数意見を背景した政治的判断が正当化される。ただ、近年では、その優先順位は、教育を提供する側（供給サイド）ではなく、教育を受ける側（受給サイド）に重きを置くように変化してきている。

政治的支持を特に必要とする文部科学行政

文部科学省は、中央省庁の中では、厚生労働省、総務省、国土交通省に次いで予算規模が大きく、地方や学校法人等に対する補助金を核にした資金ネットワーク型官庁である（辻中 二〇〇〇）。文部科学省のそうした特徴が、教育予算（財源）の確保では財務省に、地方公務員である公立学校教職員の定数管理では所管官庁の総務省にその手綱を握られているという制度上の制約を生み出している。そのため、文部科学省は、新しい教育政策への取り組みや教職員の増員を図る際には、財務省や総務省との予算・定数の折衝を有利に運ぶために、強い政治的支持を特に必要としてきた。

かつては、そうした文部科学省に対する強い政治的支持の基盤は、政権与党の〝文教族〞という国会議員団や日教組等の教育関係団体であり、それらの政治的支持が有効に機能するような政治制度や教育行政の環境があった。

供給サイド優位の教育予算配分と教育政策の環境

政権与党〝文教族〞の政治的支持が有効に機能する政治制度とは、政府が国会に法律案・予算案を提出する前に、政権与党内の政務調査会（政策立案・調整機関）と総務会（日常的な党の最高意思決定機関）の承認（事前審査）を得なければならないという政府と与党の二元体制であった。その二元体制の下、文部科学省は政権与党の政務調査会（文部科学部会）を基盤に与党・〝文教族〞と連携し、その政治的支持を得て教育予算の獲得に奮闘することが出来た。加えて、敗戦から一九七〇年代頃まで、国の教育政策は、義務教育の平等保障を最優先課題として、地域間・学校間の格差是正に配慮した教育条件整備に邁進した。国が定める最低基準（ナショナル・ミニマム）を地域の財政状況に左右されずに維持できるように、義務教育の質量を担保する教職員数（義務教育費国庫負担制度、義務標準法）と学校施設設備（義務教育諸学校等施設費国庫負担制度）の確保を重視し、財政力の脆弱な地方でもその最低基準を確保できるよう財政力の乏しい地域への傾斜配分

（交付税等）で財源保障を図った。そうした国主導による教育の機会均等保障と教育条件整備を最優先する取り組みが、教育委員会や学校、教職員という教育を提供する供給サイド優位の教育政策（教職員の定数や処遇等の改善）を推し進めることになった（小川 二〇一〇）。

政府＝内閣の政治主導と受給サイドに立つ教育政策への転換

しかし、一九九〇年代以降——特に、二〇〇一年中央省庁再編を経て旧来の政府・与党の二元体制が崩れ、政府（内閣）優位の政治主導体制が形づくられていく（小川 二〇一〇、二〇一八）。それは、同時に、教育政策の基調が供給サイドから受給サイドを優先するスタンスに移行していくことを促した。

旧来の政府・与党の二元体制は、政務調査会各部会の〝族議員〟と中央各省庁の官僚が密接に連携することで縦割り行政の一因になり官僚主導の集権的システムを構築してきたとも批判されていた。そして、政府・与党の二元体制の打破を掲げた政府（内閣）による政治主導の政策立案と行政運営は、一九九〇年代以降の官僚主義批判と「大きな政府」（＝福祉国家）批判を梃にして、「小さな政府」を目指す新自由主義的潮流と相乗作用しその威力を発揮していくことになった。
教育政策の領域において、その象徴が教育ヴァウチャーの提唱であった。
教育ヴァウチャーとは、

① 子ども一人当たりの学校教育に要する経費を保障する証書（voucher ヴァウチャー）を子どものいる家庭に交付する
② 親はそのヴァウチャーを自分が望み、選択する学校に提出する
③ 各学校は親から受け取ったヴァウチャーに見合う教育経費を行政当局から配分され学校運営に充てる

というものである。

教育ヴァウチャーの導入を支持する論者は、教育ヴァウチャーにより親・家庭の学校選択の自由が拡大し、学校に対する親の発言権が増すだけでなく、学校自体が親の支持を得ようと親の教育要求に対応した学校改革に努め、結果、学校教育の質が高まると主張した。

ミルトン・フリードマンの教育ヴァウチャー構想

教育ヴァウチャーという考え方を最初に提唱したのは、米国の経済学者ミルトン・フリードマン（一九七六年ノーベル経済学賞受賞）であるとされている。

フリードマンは、経済や社会に対する国の介入が、官僚統制を強め国民の自由・創意を損なうとする立場から、義務教育においても国主導の公立学校の管理運営を厳しく批判した。国（行政当局）による公立学校の管理運営の下では、学ぶ内容や教員等も国（行政当局）により決定され、親は就学指定された学校に子どもを通わせるだけになっている。それこそが、学校の官僚制を強め、親の教育権を喪失される最大の原因であると批判する。そのため、親に最大限の教育の自由＝学校選択権と学校への発言権を確保するために、国（行政当局）から学校に支出されている公的教育費を廃止し、代わって親に授業料クーポン券を交付して、親は自分が選択する学校（公立と私立どちらでも良い）にそのクーポン券を提出する、学校は受け取ったクーポン券分の教育費額を国（行政当局）から配分される。その結果、親は自分が望む学校を選択でき、他方、学校も親の要望に応えるために競争して学校改革に取り組むことになる。また、この授業料クーポン券制は、富裕な階層よりも（富裕層は、既に、現在でも良質の教育を提供している私立学校を選択しているのだから)、質の悪い公立学校に就学を強制されている中・低所得者層に最も貢献するものでもあると主張する(M&R・フリードマン/西山千明訳一九八〇)。

ただ、フリードマンの授業料クーポン券制の考え方は、授業料額の自由な設定や親の追加費用の容認等を認めていたこともあって(制約のない教育ヴァウチャーと言われた)、その主張とは裏腹に、学校における人種差別や社会階層間の格差を増大させると各方面から批判された。その後、学校選択制の普及拡大の中で、フリードマンのこのアイデアをベースにしながらも、家庭の所得別に異なる額(低所得層ほど多額のヴァウチャーを交付する)や一定所得以下の貧困家庭層に限定した教育ヴァウチャー(制約された教育ヴァウチャー)の構想がさまざまな論者から提案されてきた(小川一九八五、二〇〇一)。

今日、教育ヴァウチャーと呼ばれる教育補助金・給付の施策は、米国の一部やオランダ、ニュージーランド等で実施されてきているが、その内容は、フリードマンの提唱するようなものではなく、ある特定の目的により交付対象を限定されたものであって児童生徒すべてを対象にした制度として普及している訳ではない。

受給サイドに立つ教育費政策の嚆矢——高校授業料無償(就学支援金)

日本でも、教育ヴァウチャー構想は、社会・経済のさまざまな分野における規制撤廃や民間の手法を公的行政部門にも適用することを謳った規制改革の取り組みの中で注目されていった。政府の関係機関で教育ヴァウチャーを最初に取り上げたのは、規制改革会議・民間開放推進会議であるとされているが、その会議が公表した「規制改革・民間開放の推進に関する第一次答申」(二〇〇四年一二月二四日)や、「同(追加答申)」(二〇〇五年三月二三日)では、教育ヴァウチャーの導入やそのための条件を検討することを提言している。ただ、その後、政府内でさまざまな議論が進められていったが、その構想がそのまま実現することはなかった。

しかし、その後、教育ヴァウチャーの考え方が、受給サイドに立った教育費支援のしくみとして意外な形で再浮上し実現されることになる。それが、二〇〇九年の総選挙で誕生した民主党政権が進めた高校授業料無償化(就学支援金)であった。

当時の民主党政権の文部科学副大臣で党の教育政策をリードしていた鈴木寛は、高校授業料無償化(就学支援金)を、単なる教育機会の均等保障ではなく、「教育条件整備」に使っていた予算を子どもが学ぶことを直接に支援できるよう「学習条件整備」に切り替えるものであると説明していた(鈴木・寺脇二〇一〇)。ここに、教育費政策が供給サイドから受給サイドに転換する起点を見ることもできる。事実、この後、本書二部で見たように、私立高校に対する就学支援金の拡充とともに奨学給付金の創設・拡充、そして、その大学版ともいえる高等教育の「無償化」政策が続いてきている。

今世紀に入って進展している受給サイドに重きを置いた教育費支援政策であるが、関係者の間で大きな賛否の論議を引き起こしたのが、私立小中学校への通学者に対する授業料支援策であった。この施策は、幼稚園から高校、高等教育の各段階において、高い授業料を負担している私立通学者に対する教育費支援が拡充してきているなかで、義務教育段階だけがそうした施策が空白になっているとの声に応える形で実施された。施策内容は、私立小中学校に通う児童生徒への教育費支援として、年収四〇〇万円未満世帯の児童生徒について、授業料負担の軽減（最大で年間一〇万円の支援で私立学校が代理受領し授業料が減額）を行いつつ、義務教育において私立学校を選択している理由や家庭の経済状況などについて実態把握のための調査を行うことを目的として五年間（実施期間：二〇一七年度〜二〇二一年度）の実証事業の性格をもって開始されたものである。この後、五年間の実証検証を経て、支援の継続拡充を図っていくのか、あるいは、廃止するかの検討に付されることになっている。

この私立小中学校に通学する児童生徒に対する授業料支援事業に対しては、五年間の実証事業とはいえさまざまな賛否の意見があった。公立小中学校が地域の全児童生徒を収容できるにもかかわらず、高額の授業料を支払うことを覚悟して私立を選択した家庭に公的な教育費支援を行うのは納得できないし、そうした予算（財源）があれば公立学校の充実に活用すべきであるという批判が多くある一方で、授業料支援があれば私学に通学させたい、諸事情で私立にしか行けない児童生徒にとっては助けになる、等の賛成の声も決して少なくなかった。

受給サイド重視の教育費政策の功罪——政治が問うべき課題

国の教育費政策が、この間、供給サイドから受給サイドに重点を移行させてきたのには理由がある。一つは、学校の「量」的な条件整備が終わり、逆に、児童生徒数の減少期に入っていること、第二に、教育活動が「集団」ベースから「個」のニーズと事情に応じた「個の平等」を尊重する段階に進んできたこと、そして、第三に、政治主導の教育政策は、国民に対するアピール度の高い政策に高い優先順位をつけること、等である。

限られた教育予算（財源）を、国民のどの層を対象に、どの分野に重点的に配分することが、政治アピール（集票）で最大限の効果を生み出すのかという政治的判断が最優先されるのは政治戦略のうえでやむを得ないことなのかもしれない。しかし、それが政治主導の危うさでもある。

受給サイドに偏重したバランスを欠いた教育予算（財源）の配分は、教育を供給する側の劣化を生み出す恐れがある。「個」のニーズと事情に応じた「個の平等」を重視する教育活動が益々要請されているが、そのためには、それに対応できる供給サイドの質的に高い充実した教育条件整備が不可欠である。

今一度、教員の長時間勤務や健康被害、研修時間の確保などもままならないという問題等として顕在化してきている供給サイドの教育条件整備の劣化を直視し、その質と量を再点検したうえで必要な教育予算（財源）の投入のあり方を再考すべきである。それを怠った場合、日本の社会、経済のインフラストラクチャーとしてこれまで有効に機能してきた学校制度の劣化を招くことになり、延いては、日本社会と国民が大きな痛手を被ることになりかねない。

参考文献

【はじめに】
小川正人（二〇一〇）『教育改革のゆくえ　国から地方へ』ちくま新書
Keith A.Nitta (2008) *The Politics of Structural Education Reform*, Routledge
木村元（二〇一五）『学校の戦後史』岩波新書
野口悠紀雄（二〇一四）『変わった世界　変わらない日本』講談社現代新書
ベンジャミン・C・デューク／國弘正雄・平野勇夫訳（一九八六）『ジャパニーズ・スクール』講談社
三谷博（二〇一七）『維新史再考　公議・王政から集権・脱身分化へ』ＮＨＫブックス
レオナード・ショッパ／小川正人訳（二〇〇五）『日本の教育政策過程　１９７０～８０年代教育改革の政治システム』三省堂
ロナルド・ドーア／松居弘道訳（一九七八）『学歴社会　新しい文明病』岩波現代選書

【第一部】
池永肇恵（二〇〇九）「労働市場の二極化　ＩＴの導入と業務内容の変化について」（『日本労働研究雑誌』五八四号）
池永肇恵（二〇一一）「日本における労働市場の二極化と非定型・低スキル就業の需要について」（『日本労働研究雑誌』六〇八号）
井上智洋（二〇一六）『人工知能と経済の未来　２０３０年雇用大崩壊』文春新書

今井むつみ（二〇一六）『学びとは何か　〈探究人〉になるために』岩波新書
岩田龍子（一九七七）『日本的経営の編成原理』文眞堂
岩田龍子（一九八一）『学歴主義の発展構造』日評選書
稲垣佳世子・波多野誼余夫（一九九八）「学校化された学びのゆがみ」（岩波講座・現代の教育　第三巻『授業と学習の転換』岩波書店）
乾彰夫（一九九〇）『日本の教育と企業社会　一元的能力主義と現代の教育＝社会構造』大月書店
大田堯編著（一九七八）『戦後日本教育史』岩波書店
おおたとしまさ（二〇一三）『子どもはなぜ勉強しなくちゃいけないの？』日経BP
国立教育政策研究所（二〇一六）『資質・能力　理論編』国研ライブラリー
柴垣和夫（一九八三）『昭和の歴史　第九巻　講和から高度成長へ』小学館
中村高康（二〇一四）「日本社会における「間断のない移行」の特質と現状」（溝上慎一・松下佳代編『高校・大学から仕事へのトランジション　変容する能力・アイデンティティと教育』ナカニシヤ出版）
野口悠紀雄（二〇一四）『変わった世界　変わらない日本』講談社現代新書
舟橋尚道（一九八三）『日本的雇用と賃金』法政大学出版会
本田由紀（二〇〇五）『多元化する「能力」と日本社会　ハイパー・メリトクラシー化のなかで』NTT出版
松下佳代編著（二〇一〇）『〈新しい能力〉は教育を変えるか　学力・リテラシー・コンピテンシー』ミネルヴァ書房
松下佳代（二〇一四）「大学から仕事へのトランジションにおける〈新しい能力〉」（溝上慎一・松下佳代編『高校・大学から仕事へのトランジション　変容する能力・アイデンティティと教育』ナカニシヤ出版）
水原克敏（二〇一七）「教育課程政策の原理的課題　コンピテンシーと二〇一七年学習指導要領改訂」（『教育学研究』第八四巻第四号　二〇一七年一二月）
森川正之（二〇一六）『サービス立国論　成熟経済を活性化するフロンティア』日本経済新聞出版社
ロナルド・ドーア／松居弘道訳（一九七八）『学歴社会　新しい文明病』岩波現代選書

【第二部】
岩田正美（二〇〇七）『現代の貧困　ワーキングプア／ホームレス／生活保護』ちくま新書
岩田正美（二〇一七）『貧困の戦後史　貧困の「かたち」はどう変わったのか』筑摩選書
小川正人編著（一九九六）『教育財政の政策と法制度　教育財政入門』エイデル研究所
小川正人（二〇〇一）「教育助成と学校選択」（『現代のエスプリ　学校選択を考える』二〇〇一年五月号　第四〇六号）
小林雅之（二〇〇八）『進学格差　深刻化する教育費負担』ちくま新書
小林雅之編著（二〇一三）『教育機会均等への挑戦　授業料と奨学金の8カ国比較』東信堂
白川優治（二〇一四）「市区町村による教育費支援事業の現状二〇一四」科研費成果報告書
末富芳（二〇一八）「『支援の切れ目』と『所得制限の崖』」（『月刊　高校教育』二〇一八年五月号）
高山武志（一九八二）「教育と貧困」（江口英一編著『社会福祉と貧困』法律文化社）
中村高康（二〇一四）「日本社会における「間断のない移行」の特質と現状」（溝上慎一・松下佳代編『高校・大学から仕事へのトランジション　変容する能力・アイデンティティと教育』ナカニシヤ出版）
濱口桂一郎（二〇〇九）『新しい労働社会　雇用システムの再構築へ』岩波新書
広井良典（二〇〇六）『持続可能な福祉社会　「もうひとつの日本」の構想』ちくま新書
武蔵野大学（二〇一八）『高校生等への修学支援の効果および影響等に関する調査研究報告書』（平成二九年度文部科学省委託事業）
耳塚寛明（二〇一四）「学力格差の社会学」（耳塚寛明編著『教育格差の社会学』有斐閣）
宮本太郎（二〇〇九）『生活保障　排除しない社会へ』岩波書店

【第三部】
秋光恵子・岡田みゆき（二〇一〇）「高等学校における学校組織特性が教育相談活動に及ぼす影響」（『兵庫教育大学研究紀

要』第三七号）
石嵜信憲編著（二〇一〇）『労働時間規制の法律実務』中央経済社
荊木まき子・淵上克義（二〇一二）「学校組織内の児童・生徒支援体制における協働に関する研究動向」（『岡山大学大学院教育学研究科研究集録』第一五一号）
上田さとみ（二〇一七）「スクールソーシャルワークによる全戸訪問型アウトリーチ支援」（柏木智子＋仲田康一編著『子どもの貧困・不利・困難を越える学校　行政・地域と学校がつながって実現する子ども支援』学事出版）
植田みどり（二〇一五）「イギリスの教育改革（2）　多様性と親の参画」（坂野慎二・藤田晃之編著『海外の教育改革　人間発達科学プログラム』放送大学教育振興会）
大内伸哉（二〇一五）『労働時間制度改革　ホワイトカラー・エグゼンプションはなぜ必要か』中央経済社
小川正人（一九九一）『戦後日本教育財政制度の研究』九州大学出版会
小川正人（二〇一〇）『教育改革のゆくえ　国から地方へ』ちくま新書
小川正人・勝野正章（二〇一二）『教育行政と学校経営』放送大学教育振興会
小川正人（二〇一五）「教職員に関する法律概説」（荒牧重人・小川正人・窪田眞二・西原博史編『新基本法コンメンタール教育関係法』日本評論社）
小川正人（二〇一六ａ）「子どもの貧困対策と「チーム学校」構想をめぐって」（スクールソーシャルワーク評価支援研究（所長 山野則子）編『すべての子どもたちを包括する支援システム』せせらぎ出版）
小川正人（二〇一六ｂ）「「専門性に基づくチーム体制の構築」に向けて大切なこと」（文部科学省教育課程課・幼児教育課 編『初等教育資料』二〇一六年七月号）
小川正人（二〇一七）「教員の長時間労働と給特法　給特法の問題点と改廃の課題」（『季刊教育法』一九二号）
小川正人（二〇一八）「教育と福祉の協働を阻む要因と改善に向けての基本的課題　教育行政の立場から」（日本社会福祉学会『社会福祉学』五八巻四号　通巻一二四号）
苅谷剛彦（二〇〇九）『教育と平等　大衆教育社会はいかに生成したか』中公新書

神林寿幸（二〇一七）『公立小・中学校教育の業務負担』大学教育出版
紅林伸幸（二〇〇七）「協働の同僚性としての《チーム》　学校臨床社会学から」（『教育学研究』第七四号第二巻）
小西國友・渡辺章・中嶋士元也（二〇〇七）『労働関係法 第5版』有斐閣Sシリーズ
児美川孝一郎（二〇一五）「「チーム学校」の落とし穴」（『月刊高校教育』二〇一五年九月号）
佐古秀一（二〇〇七）「民間的経営理念及び手法の導入・浸透と教育経営　教育経営研究の課題構築に向けて」（『日本教育経営学会紀要』第四九号）
関川悠子（二〇一五）「教員間および教員と他専門職間の連携・協働　連携・協働の促進、抑制要因に焦点をあてて」（弘前大学大学院教育学研究科修士論文）
全教（全日本教職員組合）（二〇一一）「給特法改正をめざす運動をすすめよう（討議資料）　教職員の恒常的な長時間過密労働を是正させるために」（『月刊クレスコ』二〇一一年九月号　通号一二六号）
武井哲郎（二〇一七）『「開かれた学校」の功罪　ボランティアの参入と子どもの排除／包摂』明石書店
恒吉僚子（二〇〇八）『子どもたちの三つの「危機」　国際比較から見る日本の模索』勁草書房
西野緑（二〇一四）「子ども虐待に関するスクールソーシャルワーカーと教職員とのチーム・アプローチ　スクールソーシャルワーカーへの聞き取り調査から」（『Human Welfare』第六巻第一号）
濱口輝士（二〇一九）「福祉事務所を中心としたスクールソーシャルワーク　兵庫県尼崎市の事例から」（『日本教育経営学会紀要』第六一号）
浜田博文（二〇一六）「公教育の変貌に応えうる学校組織論の再構成へ　「教職の専門性」の揺らぎに着目して」（『日本教育経営学会紀要』第五八号）
樋口修資（二〇一八）「変形労働時間制の問題点と調整休暇制度導入の必要性」（教職員の働き方改革推進プロジェクト編『学校をブラックから解放する　教員の長時間労働の解消とワーク・ライフ・バランスの実現』学事出版）
藤原文雄 編著（二〇一八）『世界の学校と教職員の働き方　米・英・仏・独・中・韓との比較から考える日本の教職員の働き方改革』学事出版

萬井隆令（二〇一七）「公立学校教師と労働時間制　給特法とプロフェッショナル制」（『季刊 労働者の権利』三二二号）
萬井隆令（二〇一二）「最近の労働裁判の傾向と労働組合の課題」（『月刊 全労連』二〇一二年八月号）
萬井隆令（二〇〇五）「公立学校教師と時間外労働　給与特別措置法の解釈・運用上の問題点」（『龍谷法学』第三八巻一号）
山野則子（二〇一八）『学校プラットフォーム　教育・福祉、そして地域の協働で子どもの貧困に立ち向かう』有斐閣
山野則子編著（二〇一五）『エビデンスに基づく効果的なスクールソーシャルワーク　現場で使える教育行政との協働プログラム』明石書店
峰隆之編集代表（二〇一六）『定額残業制と労働時間法制の実務』労働調査会

【おわりに】

小川正人（二〇一八）「教育政策の構造転換」（日本教育経営学会編『講座 現代の教育経営1現代教育改革と教育経営』学文社）
小川正人（二〇一〇）『教育改革のゆくえ　国から地方へ』ちくま新書
小川正人（一九八五）「アメリカの教育ヴァウチャー論議と問題」（『季刊 国民教育』第六六号）
小川正人（二〇〇一）「教育助成と学校選択」（『現代のエスプリ』四〇六号）
鈴木寛・寺脇研（二〇一〇）『コンクリートから子どもたちへ』講談社
M&R・フリードマン／西山千明訳（一九八〇）『選択の自由　自立社会への挑戦』日本経済新聞社
辻中豊（二〇〇〇）「官僚制ネットワークの構造と変容」（水口憲人・北原鉄也・真渕勝編著『変化をどう説明するか　行政篇』木鐸社）

創刊の辞

この叢書は、これまでに放送大学の授業で用いられた印刷教材つまりテキストの一部を、再録する形で作成されたものである。一旦作成されたテキストは、これを用いて同時に放映されるテレビ、ラジオ（一部インターネット）の放送教材が一般に四年間で閉講される関係で、やはり四年間でその使命を終える仕組みになっている。使命を終えたテキストは、それ以後世の中に登場することはない。これでは、あまりにもったいないという声が、近年、大学の内外で起こってきた。というのも放送大学のテキストは、関係する教員がその優れた研究業績を基に時間とエネルギーをかけ、文字通り精魂をこめ執筆したものだからである。これらのテキストの中には、世間で出版業界によって刊行されている新書、叢書の類と比較して遜色のない、否それを凌駕する内容のものが数多あると自負している。本叢書が豊かな文化的教養の書として、多数の読者に迎えられることを切望してやまない。

二〇〇九年二月

放送大学長　石　弘光

放送大学

学びたい人すべてに開かれた
遠隔教育の大学

〒261-8586 千葉市美浜区若葉2-11
Tel：043-276-5111　Fax：043-297-2781　www.ouj.ac.jp

小川 正人（おがわ・まさひと）
1950年生。放送大学教授、東京大学名誉教授、教育学博士。
専門：教育行政学。東京大学大学院教育学研究科教授を経て、2008年4月から現職。
<主要著書>
単著：『教育改革のゆくえ』（ちくま新書）、『市町村の教育改革が学校を変える ― 教育委員会制度の可能性』（岩波書店）、『現代の教育改革と教育行政』（放送大学教育振興会）、『戦後日本教育財政制度の研究』（九州大学出版会）
編著・共編著：『新基本法コンメンタール　教育関係法』（日本評論社）、『改訂　ガイドブック教育法』（三省堂）、『日本の教育改革』（放送大学教育振興会）、『改訂版　教育行政と学校経営』（放送大学教育振興会）、『分権改革と教育行政』（ぎょうせい）、『合併自治体の教育デザイン』（ぎょうせい）、等
翻訳：『日本の教育政策過程』（レオナード・ショッパ著　三省堂）
編修：『解説　教育六法』（各年度版　三省堂）
<社会的活動>
政府の規制改革委員会、教育再生懇談会（福田・麻生内閣）、文部科学省・第6期～第9期中教審副会長、同・初等中等教育分科会長、同・学校における働き方改革特別部会長、東京都足立区教育委員会・教育委員長、教育委員（2012年4月～2016年3月）等、政府および地方自治体の各種審議会や、日本教育行政学会長（第15期：2007年10月～2010年9月）、日本学術会議連携会員（2011年10月～2017年9月）等、学会等の各種役職を歴任。

シリーズ企画：放送大学

日本社会の変動と教育政策
新学力・子どもの貧困・働き方改革

2019年8月31日　第一刷発行
2020年12月10日　第二刷発行

著者　小川正人

発行者　小柳学

発行所　株式会社左右社
〒150-0002 東京都渋谷区渋谷2-7-6-502
Tel：03-3486-6583　Fax：03-3486-6584
http://www.sayusha.com

装幀　松田行正＋杉本聖士

印刷・製本　創栄図書印刷株式会社

Printed in Japan ISBN978-4-86528-241-2